教養のミクロ経済

竹本拓治 著

microeconomics

萌書房

はしがき

この本は，次のような方を読者として想定しています。
1．教養としてのミクロ経済に興味を持つ方，理科系，文科系を問わずすべての大学生
2．ビジネスにおいてミクロ経済の知識の習得を目指す社会人の方
3．経済学専攻以外の大学院生や産学官連携等に興味のある研究者の方など，特に現代産業社会の発展に深く関わりを持つ工学系をはじめとする理系の大学院生，研究者の方

経済理論の1つである「ミクロ経済学」という言葉を用いれば，この本はその導入のためのテキストという，一般的な位置づけも可能かもしれません。しかし執筆時に想定したのは，多くの入門書がそうであるような，これから経済学を学ぶ人のための導入内容とは違い，少し趣を変えた「教養のミクロ経済」です。つまりすべての人がすべからく身に着けるべきミクロ経済の知識，これからの生活や研究の礎を築くミクロ経済の内容です。

経済学専攻の方は一通りミクロ経済，マクロ経済を学んだ後，徐々に深くその専門領域を掘り下げていきます。それに対し，この本の読者の想定はここに書かれたミクロ経済内容を礎として自身の専門領域と融合させる，または普段のビジネスや生活に応用することで，「掘り下げる」のではなく「広がりを持たせていく」ということを考えています。

以上の執筆方針から，次のようなテキストの使い方を期待します。

上記1．に該当する方は，これからの学問や生活の基礎として，概念としてのミクロ経済の習得につとめてください。特に日々の時事経済事象にアンテナを張り，その事象がミクロ経済の知識とどのような関係があるかを考えてみましょう。

2．に該当する方は，日々のビジネスで見えている視野を少し広げることに，

このテキストは貢献するでしょう。ものの値段や競争を自らが所属する組織から主観的に見るだけではなく，客観的に分析することで，新たな「気づき」を得る可能性があります。そのような「気づき」を日々のビジネスにフィードバックしてください。

3．に該当する方は，まず自身が研究する分野，およびその成果が，現代の社会にどのように役立つのかを考えるところからはじめてください。すると自身の研究内容が社会に役立つには，つまり事業化や産業化には何が足りないかが見えてきます。また足りないものを考える上で，経済や経営の知識が不可欠であることに気づくと思います。このテキストはあなたの研究内容の実用化という点で，新たな価値を付加していくものとなります。

また，すべての方に対して，可能ならばこのテキストの1～2章ごと程度に，何らかのディスカッションを交えていただれば幸いです。そうすることでより応用の幅が広がります。例えば「企業による市場の独占は経済学的には社会的損失を生み出すが，よくないといい切れるか」というテーマで，独占による経済性，効率性，そのほかにも考えられるメリットを出し合うなどです。無理に高いレベルの話をする必要はありません。「参加メンバー」が関係している具体例を交えると，議論が盛り上がります。

現代社会は，独占といった企業経済分野のみならず，様々な問題を抱えています。環境問題をはじめ多くの分野で経済学とその他の学問分野の結集，そして総合的な問題解決が必要となっています。経済学以外の分野から，経済学を含めた視点で考察することで，総合的な問題解決が図られることでしょう。

このような方針や使い方を想定しているため，以下の点に配慮しました。

1. 初学者にもわかりやすいように，できる限り語句の意味が分かるような説明を入れています。
2. ビジネスに関連する具体例を取り入れるようにし，イメージがわきやすいようにしています。
3. 微積分を使用する箇所もありますが，できる限り避け，利用する場合も概念的な理解ができるように説明を入れています。
4. 経済にとどまらず，必要に応じ経営に関する説明を入れています。

この本は，他のミクロ経済のテキストとは少し異なる仕様になっていますが，ミクロ経済学でいう必須の基礎項目を盛り込んでいます。いままでミクロ経済学が難しいと感じていた方にも，比較的容易にポイントを理解していただけるでしょう。

　最後になりましたが，この本の企画から校正に至るまで，多大なご協力を賜り，お世話をしていただきました萌書房の白石徳浩様に，心よりお礼を申し上げます。

　　2011年2月7日

竹 本 拓 治

目　　次

はしがき

第 1 章　はじめに——製品と商品 …………………………………………… 3
　1-1　効用と技術経営 ……………………………………………………… 3
　　　　(1) 労働価値説と効用価値説（3）　(2) 効用価値で見直す技術
　　　　経営のあり方（4）
　1-2　経済学の考え方 ……………………………………………………… 6
　　　　(1) 発想の転換（6）　(2) 数字，グラフを用いる（7）　(3)
　　　　現在を基点とする（7）　(4) 他の条件を一定と考える（8）
　　　　(5) あきらめたものへの考察（9）　(6) 神の見えざる手（10）
　1-3　価格の決定と希少性 ………………………………………………… 10
　　　　(1) 市場均衡（10）　(2) 希少性（12）　(3) 上級財と下級財
　　　　（12）　(4) ギッフェン財（13）　(5) 所得効果と代替効果（14）
　1-4　課　題 ………………………………………………………………… 14

第 2 章　消費者行動——需要曲線の意味と考察 …………………………… 17
　2-1　需要曲線の連続性と意味 …………………………………………… 17
　　　　(1) 需要曲線の連続性（17）　(2) 受容曲線が右下がりであるこ
　　　　との説明（19）
　2-2　「需要量の変化」と「需要の変化」 ………………………………… 20
　　　　(1) 需要量の変化（20）　(2) 需要の変化（21）
　2-3　需要の価格弾力性 …………………………………………………… 23
　　　　(1) 価格弾力性（23）　(2) 価格弾力性に影響を与える要因（25）
　　　　(3) 需要の価格弾力性を利用した価格設定戦略（26）

v

2-4 課　題 …………………………………………………………… 27

第3章　消費者行動──消費者余剰と最適消費 ………………………… 29
　3-1　消費者余剰と効用最大化 ……………………………………… 29
　　　　⑴　消費者余剰の意味（29）　⑵　限界効用と価格と消費者余剰の関係（30）
　3-2　効用と無差別曲線 ……………………………………………… 32
　　　　⑴　無差別曲線（32）　⑵　無差別曲線の形状（34）
　3-3　予算制約線と最適消費 ………………………………………… 36
　　　　⑴　予算制約線（36）　⑵　最適消費（36）
　3-4　課　題 …………………………………………………………… 38

第4章　消費者行動──消費者行動理論の応用 ………………………… 43
　4-1　労働供給時間の選択 …………………………………………… 43
　　　　⑴　労働供給時間の選択への応用（43）　⑵　労働供給時間の選択における効用（44）　⑶　予算制約式の導出（45）　⑷　機会費用（45）　⑸　労働供給時間の選択における代替効果と所得効果（45）
　4-2　貯蓄の選択 ……………………………………………………… 47
　　　　⑴　貯蓄の選択への応用（47）　⑵　割引現在価値（47）　⑶　予算制約式の導出（48）　⑷　貯蓄の選択における最適点（48）　⑸　貯蓄の選択における代替効果と所得効果（49）
　4-3　消費者行動（需要）に関する補足 …………………………… 50
　　　　⑴　効用の尺度（50）　⑵　総収入テスト（50）　⑶　割引現在価値の考察（50）　⑷　エンゲル係数（51）　⑸　労働供給曲線（52）
　4-4　課　題 …………………………………………………………… 53

第5章　企業行動──企業の行動と生産関数 …………………………… 55

5-1　企業の行動と目的 …………………………………………………… 55
　　　⑴　企業の活動について (55)　⑵　生産と供給 (56)　⑶　短期と長期 (56)　⑷　投入物 (57)
5-2　生産関数 ……………………………………………………………… 57
　　　⑴　労働投入量と産出量の関係（1変数の場合）(57)　⑵　特化の利益と固定的生産要素 (58)　⑶　労働投入量と資本投入量の関係（2変数の場合）(59)
5-3　等量曲線の考察 ……………………………………………………… 61
　　　⑴　無差別曲線と等量曲線 (61)　⑵　等量曲線の幅 (62)
5-4　課　題 ………………………………………………………………… 62

第6章　企業行動──供給曲線の意味と考察 ………………………… 67
6-1　供給曲線の連続性と意味 …………………………………………… 67
　　　⑴　供給曲線の連続性 (67)　⑵　供給曲線が右上がりであることの考察 (68)
6-2　「供給量の変化」と「供給の変化」 ………………………………… 70
　　　⑴　供給曲線のグラフに見る「供給量の変化」と「供給の変化」(70)　⑵　供給を変化させる原因 (71)
6-3　生産者余剰と利益の極大化 ………………………………………… 72
　　　⑴　生産者余剰の意味 (72)　⑵　利益の最大化 (72)
6-4　課　題 ………………………………………………………………… 74

第7章　企業行動──費用曲線と企業の目的 ………………………… 77
7-1　費用の種類とそのグラフ …………………………………………… 77
　　　⑴　短期のおける費用曲線 (77)　⑵　限界費用と平均費用の関係 (78)
7-2　供給における価格弾力性 …………………………………………… 80
　　　⑴　供給における価格弾力性 (80)　⑵　期間を考慮した供給の価格弾力性 (81)

7-3 企業行動（供給）に関する補足 …………………………………… 82
　　(1) 企業の目的に関する諸仮説 (82)　(2) 「利潤の最大化」目的の正当性とプリンシパル＝エージェント関係 (82)　(3) 個人企業における「利潤の最大化」行動の説明 (83)
7-4 課　題 ………………………………………………………………… 84

第8章　市場理論——価格の意義と決定 …………………………………… 89
8-1 価格の役割 …………………………………………………………… 89
　　(1) 価格が存在しない社会 (89)　(2) 価格の機能——価格の割当機能 (90)　(3) 価格の機能——需要と供給の調整機能 (91)　(4) 価格の設定方法 (92)
8-2 価格の規制と調整 …………………………………………………… 93
　　(1) 価格の上限規制による影響 (93)　(2) 価格の下限規制による影響 (95)
8-3 課税による市場の考察 ……………………………………………… 95
　　(1) 課税の負担割合 (95)　(2) 課税の負担に見る需要曲線，供給曲線の傾きの意味 (96)
8-4 課　題 ………………………………………………………………… 97

第9章　市場理論——独占 ………………………………………………… 99
9-1 独占とは ……………………………………………………………… 99
　　(1) 市場の構造 (99)　(2) 独占が起こる理由 (100)
9-2 独占企業の行動 ……………………………………………………… 101
　　(1) 独占企業の総収入と限界収入 (101)　(2) 独占企業の利潤最大化行動 (102)
9-3 独占による社会の非効率性 ………………………………………… 104
　　(1) 独占がもたらす社会的損失 (104)　(2) 買い手独占による問題 (106)
9-4 課　題 ………………………………………………………………… 106

第10章　市場理論——複占，寡占，独占的競争 ……………………………… 109
　10-1　寡占の理論 ………………………………………………………………… 109
　　　　（1）寡占企業の行動（109）　（2）独占企業の屈折需要曲線について（110）　（3）寡占企業の価格の硬直性について（111）
　10-2　複占とクールノー・ナッシュ均衡，シュタッケルベルク均衡 …… 112
　　　　（1）反応関数（112）　（2）クールノー複占モデル（114）　（3）シュタッケルベルク先導者モデル（115）
　10-3　独占的競争 ………………………………………………………………… 115
　　　　（1）独占的競争の性質（115）　（2）独占的競争の考察（116）
　10-4　課　題 ……………………………………………………………………… 118

第11章　ゲーム理論——ゲーム理論の寡占市場への応用 …………………… 121
　11-1　ナッシュ均衡と囚人のジレンマ ………………………………………… 121
　　　　（1）ナッシュ均衡（121）　（2）囚人のジレンマ（124）
　11-2　立地ゲーム ………………………………………………………………… 125
　　　　（1）複占状態における販売立地決定への応用（125）　（2）販売立地に関する解答（126）
　11-3　参入阻止ゲーム …………………………………………………………… 127
　　　　（1）展開型ゲーム（127）　（2）参入阻止ゲーム（127）
　11-4　課　題 ……………………………………………………………………… 129

第12章　ゲーム理論——不確実性下における戦略 …………………………… 133
　12-1　繰り返しゲームと囚人のジレンマ ……………………………………… 133
　　　　（1）無限の繰り返しゲーム（133）　（2）有限の繰り返しゲーム（134）　（3）アイスクリームの分割交渉問題（135）
　12-2　不確実性とリスクプレミアム …………………………………………… 136
　　　　（1）確率と確率変数（136）　（2）リスクプレミアム（137）
　12-3　マックスミニ戦略とミニマックス戦略 ………………………………… 138

　　　　　(1) マックスミニ戦略 (138)　(2) ミニマックス戦略 (138)
　　　　　(3) 確率・期待値で考える (139)
　　12-4　課　題 …………………………………………………………………… 140

第13章　市場の失敗——公共財と外部性，情報の非対称性 ………………… 143
　　13-1　外部性 ………………………………………………………………… 143
　　　　　(1) 外部性とは (143)　(2) 環境汚染の問題に見る外部性 (144)
　　　　　(3) 外部性の内部化 (145)
　　13-2　公共財 ………………………………………………………………… 147
　　　　　(1) 公共財とは (147)　(2) 公共財の供給における市場の失敗
　　　　　(147)　(3) コモンズの悲劇 (147)
　　13-3　情報の非対称性 ……………………………………………………… 148
　　　　　(1) 情報の非対称性とは (148)　(2) 逆選択の問題 (149)　(3)
　　　　　情報の非対称性の問題を回避する方法 (150)　(4) 情報の非対
　　　　　称性とモラル・ハザード (150)
　　13-4　課　題 …………………………………………………………………… 151

＊

参考文献および推薦図書 …………………………………………………………… 153

教養のミクロ経済

第1章　はじめに——製品と商品

商品の価値は顧客により決定される。生産者が決める価値は，商品の価値ではなく，製品の価値である。

1-1　効用と技術経営

(1)　労働価値説と効用価値説

「経済学の起源はいつの時代に遡るか」との問いに対し，明確な解答はありません。なぜならば，経済学は私たちが住む社会全体の活動を学問の対象としているからです。遥か昔から経済自体は存在するわけですから，その意味においては経済を考える経済学もあったのかもしれません。

しかし「経済学が学問として確立されたのはいつの時代か」というと，一般的にはイギリスの経済学者のアダム・スミス（Adam Smith, 1723-1790）が著した『国富論（*An Inquiry into the Nature and Causes of the Wealth of Nations*）』がその起源とされます。アダム・スミスは「商品の価値は人が生み出す労働により決定される」とする**労働価値説**を唱えました。

> ●**本章のポイント**
>
> 　第1章ではミクロ経済学とはどういうものかを紹介するための導入説明をいたします。経済学の考え方を中心に初歩的な説明を入れていますが，それぞれの内容の詳細説明，数式化，グラフ化による説明は後の章で行いますので，この章は気軽に読み進めてください。まずは私たちのまわりの社会現象を思い浮かべながら，用語や考え方を理解していきましょう。

その後，このような労働価値説とは異なり「商品の価値は人が得る効用により決定される」とする**効用価値説**が唱えられるようになります。**効用**とは，経済学では消費者が得る喜びや満足のことを指します。
　経済学は大きく**マルクス経済学**と**近代経済学**に分かれますが，労働価値説はマルクス経済学にて，効用価値説は近代経済学にて用いられています。

(2) 効用価値で見直す技術経営のあり方

　1つの例として，この効用価値という経済学では基本となる考え方を，技術経営，研究内容の事業化というシーンに当てはめてみましょう。
　ここでは，次のように「商品」と「製品」を区別して使いたいと思います。「製品」は工場やメーカーの在庫として存在するもので，「商品」は流通に乗っているものという分け方でいわれることもあります。しかしもう少しわかりやすくいうと，顧客が欲してお金を払い購入するものが「商品」であるといえます。つまり生産者や売る側としては現金同等物に変わるものです。一方で，生産者が顧客のニーズに合うだろうと考えて作ったものが「製品」です。こちらは現金同等物に変わらず，会社の資産状態などを示す B/S（Balance Sheet，貸借対照表）上にそのまま残って，場合によっては不良在庫として処分してしまう（価値が0になる）可能性があります。
　さて，技術経営とは **MOT**（Management of Technology）と略され，「企業・組織が，持続的発展を目的として，自組織内部・大学・研究所などの研究主体に存在する技術に経済的価値を創出（事業化）し，総合的に経営管理を行うこと」をいいます。つまり研究内容をもとに新たな市場を創出していくわけですから，**イノベーション**を行うことになります。その研究段階から事業化までには，大きな障壁があります。それが**図1-1**に示したものです。
　研究内容（シーズ）が私たちの身のまわりで広く出回る大量生産商品（産業化）になるまでには，大きな3つの障壁があります。それが図1-1の「魔の川」，「死の谷」，「ダーウィンの海」といわれるものです。
　「魔の川」の段階においては，研究内容をもとにして技術統合やプロトタイプの試作を行います。次の段階は「死の谷」ですが，この段階では量産に向け

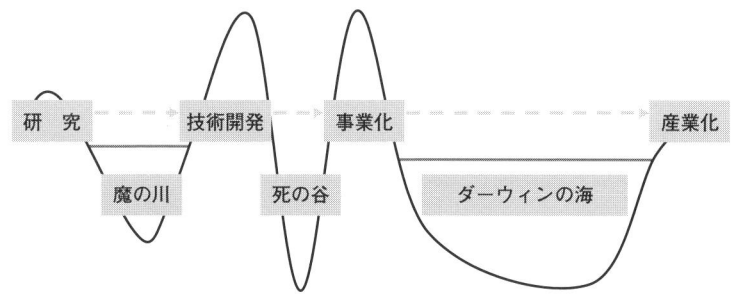

図1-1 研究のスタートから産業化に至るまで

た設計，製品化を行い，その上で開発した製品を市場に商品として売り出します。「ダーウィンの海」の段階では，さらに量産を進める上での設備投資や事業の拡大を行います。

この「魔の川」と「死の谷」の2つの段階において，研究から開発段階への移行，製品から商品への困難が伴います。その困難の原因として，開発者，技術者が「これだけすばらしい製品を作っているのだから，きっと売れる」という自信と，「これだけのコスト（人件費，原材料，その他）がかかっているから，この価格をつけよう」とする価格の考え方にあるといわれます。この点で何が問題かわかるでしょうか。

このような考え方は，供給者側（開発者，生産者側）の考えに基づいているものであり，価格の考え方はさきほど述べた労働価値説に似たものがあります。日本が高度経済成長の波に乗っていて，モノを作れば飛ぶように売れる時代であればまったく問題はないのですが，そのような時代が終わり安定成長，ないしは経済が低迷してくると，顧客をしっかりと見なければいけません。

研究から開発段階において，また開発から事業化への段階において，「顧客からこういうニーズがあるから，そのニーズに合わせて開発しよう」という姿勢で，また「商品の価値は顧客が決めるもの」という考えを持っている必要があります。

日本の企業経営が「終身雇用」「企業内組合」「年功序列」という言葉で示されていた時代は，大量生産，薄利多売によって，これらの3つの特徴を維持し

てきました。しかし市場の縮小により大量生産，薄利多売という成功モデルが崩れた現在，新しいビジネスモデルが必要とされます。その1つは付加価値をつけることで，個々の顧客のニーズを把握し，顧客から見て高い価値を持つ商品の開発を行うことです。このような視点からも効用価値に基づいた**顧客指向**（customer oriented）の考え方が重要です。

このように，経済学の考え方を身につければ社会で役に立つ例は他にも多数存在します。本書ではミクロ経済学の重要項目を紹介する中で，いくつかの事例を挙げていきますので，その事例以外にも皆さんのまわりで経済学の考え方が応用できないかを考えながら読み進めていってください。

なお念のために付記しておきますが，マルクス経済学と近代経済学に優劣があるわけではありません。日本経済の成長とともに，企業のビジネスモデルが変化するように，これらの考え方はその時代に応じて，適する，適さないがあるのです。

1-2 経済学の考え方

では経済学の考え方とは，どのようなものでしょうか。応用できる具体例を挙げると，多数になりますが，経済学の考え方として共通する，いくつかの代表例を挙げてみます。

(1) 発想の転換

$a-b=c$ は $a+(-b)=c$ である，というのは，数学で「負の数」を学んだときに出てきた懐かしい式だと思います。この「a から b を引くと c になる」は「a に $(-b)$ を足すと c になる」ということ，つまり「減法（引き算）」は「負の数の加法（足し算）」ですが，経済学ではこの考え方と似たことを行います。プラスマイナスの符号の話ではなく，ちょっとした発想の転換の話と捉えてください。

一例が貯蓄です。（収入）−（貯蓄）＝（現在の支出）ですが，（収入）−（将来の支出）＝（現在の支出）という具合に考えます。つまり貯蓄とは，現在の支出を

我慢し，将来の支出を行うことと考えるわけです。

後の章で説明しますが，このように考え，現在の消費と将来の消費をそれぞれ縦軸，横軸としたグラフを考えるのがミクロ経済学です。

同様の考えは，労働時間にも当てはまります。(働いてお金を稼ぐ時間)＋(働かない時間)＝(1日24時間)ですが，働かない時間は「余暇を購入する(「マイナスの労働＝余暇」を加える)」と考えます。

(2) 数字，グラフを用いる

(1)でグラフを用いるといいましたが，経済学ではグラフを用いて視覚化する，明確化することを多用します。グラフを用いるということは，自ずと尺度（数字）が必要です。皆さんがかつて，関数を学んだときに，グラフ上の座標をプロット (plot，点を打つこと) した覚えがあると思いますが，グラフを書くにはその尺度が必要です。

つまり本来は数字で表せないものでも，経済学では数値化を行います。その例が**効用** (utility) で，これは「人の満足度やうれしさ」を表します。(3)で実際に数値化してみます。

(3) 現在を基点とする

「限界」と聞くと，「体力の限界」や「我慢の限界」という言葉を想像することと思います。しかし経済学では「限界」という言葉を，「今いる位置から比較して，さらに追加することでどうなるか」と考えます。

よく出される例が，「暑い日の仕事の後の最初の1杯のビールはうまい」というものです。暑い夏の日，仕事が終わり，ビアガーデンに行ったとしましょう。そのとき，ビール1杯の値段がいくらまでなら，あなたは最初の1杯を購入するでしょうか。

仮に最初の1杯を1,500円までなら出してもいいとします。ではそれを飲み干した後，2杯目はどうでしょう。900円としましょう。3杯目は600円，1杯増えるごとに400円，300円，250円，200円，150円としましょう。

このように何杯目かのビールを飲んだ後の状態で，次の1杯に出してもいい

第1章　はじめに——製品と商品　7

図1-2 ビールの限界効用の変化

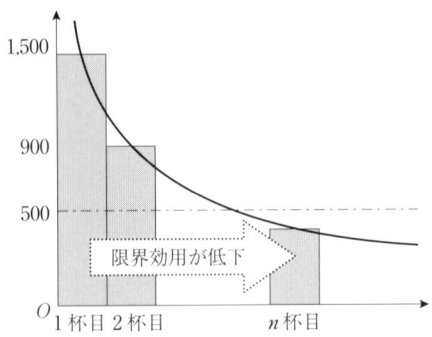

と思う効用を**限界効用**（marginal utility）といいます。つまりこの場合，ビアガーデンで2杯飲んだ後の限界効用は600円になります。これで満足度を数字で表すことができました。

なお，このビアガーデンではビール1杯の金額が500円とします。すると，限界効用は4本目以降にこの500円を下回ってしまいますので，このような効用を持つ人がビアガーデンで飲むビールの量は3杯と考えます。このような限界効用の考え方は，需要を詳しく学ぶときに利用します。

いまひとつ「限界」について概念的にピンとこない場合は，サイコロを思い浮かべてください。2回連続で1が出た，というときに，「3回目はさすがに連続で1はないだろう」と思う人が多いかもしれません。確かに3回連続で1が出る確率は1/6の3乗で1/216なのですが，しかし2回サイコロを振った後の時点で，次に振るサイコロの目が1になる確率は1/6です。

限界という考え方は，この後者の考え方，確率でいう連続事象か独立事象かの違いと考えるとよいと思います。

(4) 他の条件を一定と考える

現実の社会は，様々な要素が影響し，1つの事象を形成しています。経済学では多くの場合は数式化，グラフ化を行いますので，すべての変化する事象をその数式やグラフに盛り込むことはできません。そこで動かす数字以外は変化

しないと仮定します。

　イメージを浮かべるために例を出します。数学で，「変数 x, y で表される M について，$M = x^2 - 6xy + 10y^2 - 2y + 8$ と表されるとき，M の最小値を求めよ」という問題を考えてみてください。このようなとき，x, y ともに変数なので，それぞれが動く場合を考えて最小値を考えるのは少し難しいといえます。そこで数学の授業で，「片方の変数を固定する」という方法を学んだ記憶がある人も多いと思います。つまり y を仮に固定して，x について整理し，x について平方完成をした後に，次のような形に変化させました。$M = (x - 3y)^2 + (y - 1)^2 + 7$ すると，2乗の最小値は0なので，$x - 3y = 0$，$y - 1 = 0$ つまり $y = 1$，$x = 3y = 3$ のとき，M の最小値は7という具合に導いたはずです。

　このように他の条件を一定と仮定することで，1つの結論を得ることができます。なお，経済学では中学，高校，およびそこから少し毛が生えたような数学を使うことが多いのですが，数学が苦手な方は，数式部分は読み飛ばしていただいて，概念のみを理解していただいても構いません。

(5) あきらめたものへの考察

　このように書くと，何か未練がましいようなイメージを感じますが，実はあきらめたものというのは，複数ある選択肢のうち選択をしなかったものという意味です。人は多くの場合において，選択を迫られる機会があり，あるものを選択すると他のものをあきらめねばならないという**トレード・オフ**（trade-off）を迫られます。

　そのときに別の選択をした場合に得られた可能性のある便益を**機会費用**（opportunity cost）といいます。

　例えば，大学生の A さんは授業後にアルバイトを入れていますが，ちょうどその時間にサークルの友人からお茶に誘われました。そのために事前にアルバイト先に断りの連絡を入れ，アルバイトに3時間遅れたとします。このときアルバイトの時給が900円とすれば，A さんが友人とお茶をしたことによる機会費用は2,700円ということになります。

　このような考え方は後の章の，生産可能性フロンティアを説明するときに用

います。

(6) 神の見えざる手

冒頭に紹介したアダム・スミスが「**神の見えざる手**（invisible hand of God）」という概念を述べています。需要と供給のバランスは自然に調節されるという考え方をこのようにたとえています。個人が各々の利益を追求することで，結果として最適な資源配分が行われ，社会全体の利益が達成されるということです。つまり社会全体の利益には，自由競争が不可欠ということです。自由競争である限り，価格は需要と供給による最適な場所で決定されます。

このような考え方は，**裁定取引**（arbitrage）でも使われます。

1-3 価格の決定と希少性

いま述べた「神の見えざる手」によって，価格が決定するというのが経済学の前提です。このことはいい換えれば，個人や企業は自らの利益を追求する，つまり合理的に判断し，自由競争を行うということになります。そこで，最初に価格の決定について説明いたします。

(1) 市場均衡

経済を一言でまとめると，需要と供給で成り立つ個々の取引の総称といえます。その需要と供給によりモノの価格が決定します。この需要と供給が一致する状態を**市場均衡**（market equilibrium）といいます。

市場において参加者が合理性を持って行動するという前提で考えると，消費者にとって，ある財の価格が上がれば（Pe から P_1）その財の購入を減らす（Qe から Q_2），価格が下がれば（P_1 から Pe）その財をもっと欲しい（Q_2 から Qe）と考えます。つまり価格 P と数量 Q の関係は負の相関を示し，これをグラフにしたものを**需要曲線**（demand curve）といいます。この関係を示したものが図1-3における需要曲線です。一方で，生産者はある財の価格が上がれば（Pe から P_1）その財をもっと売りたいと考えるでしょうし（Qe から Q_1），

図1-3 需要曲線と供給曲線

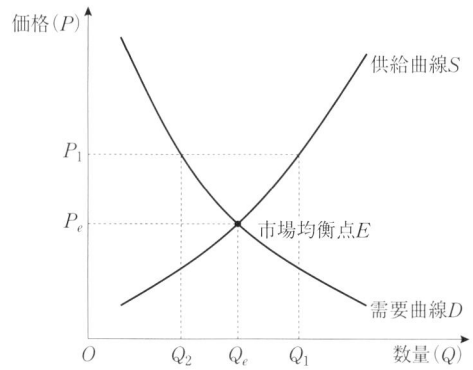

価格が下がれば（P_1 から P_e）その財を売るのを控えるでしょう（Q_1 から Q_e）と考えます。つまり価格 P と数量 Q の関係は正の相関を示し、これをグラフにしたものを**供給曲線**（supply curve）といいます。

右上がり供給曲線 S と右下がりの需要曲線 D は点 E で交わりますが、この交点 E が市場均衡点です。市場均衡点における価格を市場価格、数量を均衡取引量といい、消費者と生産者がお互い満足した状態になります。

しかし価格が P_1 の場合（市場価格より高い場合）を考えてみてください。需要曲線を見ると Q_2 しか需要がないのに対し、供給曲線では Q_1 の供給があります。これを**超過供給**の状態といいます。$Q_1 - Q_2$ の分が供給の超過分だとわかります。価格が市場価格より低い場合はこの逆で、その場合は**超過需要**といいます。

しかしこのどちらの場合も、価格は次第に市場価格へと近づきます。一般的に供給が多い場合、生産者は価格を下げて売ろうとし、需要が多い場合は高いお金を出してでも買おうとするからです。

このように価格（または数量）が均衡点を逸脱しても、市場メカニズムにより均衡点に自動的に引き戻されることを**安定的均衡**といいます。その一方で、何らかの要素により価格（または数量）が均衡点から離れていくことを**不安定的均衡**といいます。

(2) 希少性

　1-2において効用を，また1-3(1)において需要曲線の説明を行いました。効用は人の満足や嬉しさを表すものであり，限界効用がそのモノの値段を上回る限り，その消費者はモノを購入するということでした。また需要曲線では，価格が下がると購入数量が増えるということでした。すると皆さんはモノの価値は需要によって決定されると考えるかもしれません。

　そう考えると，水や食料のような必需品には高い価値があり，金やブランド物などの必需品でないものには価値がないことになります。しかし実際には逆です。このことを価値の逆説（paradox of value）といいます。

　この問題に解決を与えたのが**希少性**（scarcity）です。水はどこでも手に入りますが，金は水ほど手に入りやすいものではありません。つまり効用と希少性の双方が価値を決定するということができます。

　このことは**交換価値**（value in exchange）と**使用価値**（value in use）という言葉で説明されます。水は使用価値が高いのに対し，交換価値は低く，金は使用価値が低いのに対し，交換価値は高いということです。砂漠などの特定条件下では，もちろん水も交換価値が高くなる可能性があります。

　ここで1-1の話に戻りますが，多くのモノはある程度の使用価値を持っています。しかしそれだけでは主観的な価値，つまり冒頭の文章の考え方でいえば「製品」にすぎないといえます。交換価値を持つことにより「商品」に変わるのです。

(3) 上級財と下級財

　この章の最後として，商品についてもう少し述べたいと思います。限界効用が商品価格を上回る限りは，消費者はその商品を買うということを説明しました。もちろん限界効用は人によって異なります。するとある消費者の所得が上昇すれば，限界効用も大きくなり，商品の購入量も増えるのではないか，という考えを皆さんは持たれないでしょうか。実際，そのように考えるのが，現実的です。

　しかし実は所得が増加（価格の低下により，実質所得が増加する場合も含み

ます）しても購入量が増えない商品もあります。例えば，発泡酒や玄米です。豊かな社会では，玄米はむしろ健康食品として人気が出ることもありますが，一般的にはビールに対する発泡酒や，米に対する玄米という対比で考えた場合，所得が増えれば発泡酒や玄米などの購入量が増えるとは一概にいえません。それらを買う代わりにビールや米を購入するからです。このような所得が低いときにやむなく購入するような商品を**下級財**（劣等財）といいます。

一方で，宝石やブランド品は**上級財**（正常財）に分類され，所得が増加すると，購入量も増加します。

こちらは需要の所得弾力性の章で扱いますが，このような所得の変化と財の増減の考察に関しても，ミクロ経済学では数式とグラフで説明ができます。

(4) ギッフェン財

イギリスのロバート・ギッフェン（Robert Giffen, 1837-1910）が発見したギッフェン財と呼ばれるものがあります。これは価格が上昇すると需要が増大，または価格が下落すると需要が減少する商品のことです。

例えば，Aさんが1週間に消費するビールと発泡酒の量が合計20本，1週間の予算が2,500円とします。通常はビールが200円，発泡酒が100円とします。すると1週間にAさんが飲むビールと発泡酒の数は，

| ビール（200円）5本 | 発泡酒（100円）15本 | 合計2,500円 |

です。しかし何らかの理由で，発泡酒が半額の50円で売り出されていたとします（ここでは酒税は考えないこととします）。すると，

| ビール（200円）10本 | 発泡酒（50円）10本 | 合計2,500円 |

となります。ここで不思議なことに，発泡酒の価格が下がったにもかかわらず，発泡酒の購入量は下がっています。これは発泡酒の代わりに，ビールを購入することができるようになったからです。このような現象をギッフェン・パラドックス（Giffen's paradox, ギッフェンの逆説）といいます。この例では価格が下がったにもかかわらず購入量が減った例を示しましたが，価格が上がったと

きに購入量が増える場合もギッフェン財といいます。またギッフェン財は下級財の一種になります。

(5) 所得効果と代替効果

商品の価格が変化すると消費者の実質的な所得にも変化が起こり，そのために需要量が変化することを**所得効果**（income effect）といいます。通常は商品の価格が下がると，実質的には消費者の所得が増加したのと同じ効果が発生し，需要量は増加します。

一方，商品の相対的な価格が変化することにより需要量も変化します。通常は商品 A の価格が下がると，同様の商品 B の購入者が商品 A の購入者に変わります。このような相対的な変化を**代替効果**（substitution effect）といいます。

この 2 つの効果については，後の消費者行動やその応用に関する説明でも扱います。

1-4 課　題

第 1 章では，これからミクロ経済学の考え方を学ぶに当たり，その入口となる経済学の考え方，ミクロ経済学の導入説明を行いました。「商品と製品」というテーマ 1 つをとっても，経済学（ミクロ経済学），経営学（技術経営）では，その視点が異なることが理解できたと思います。次の章以降は，ミクロ経済学の考え方を説明していきますが，皆さんの専攻やお仕事と何らかの接点が見つかれば，積極的にその関連を掘り下げ，新たな視点からの学問，仕事，融合領域として活かしていただくことを期待します。

今回の課題は以下の通りです。では考えてみてください。

【課　題】

1. 技術経営のあり方を，効用価値の視点から80字以内で述べなさい。
2. 次の図は 2 財 x, y について，ある消費者の財 x の需要量と財 x の価格の関係を示したものである。この消費者の所得に変化がなく，いまこの消費者は

その所得を使って2財 x, y のみ購入するとする。グラフの点において，この2財の性質を示す言葉として最も可能性が高い選択肢を選びなさい。

① x 財は上級財であり，y 財は下級財である。
② x 財も y 財も上級財である。
③ x 財はギッフェン財である。
④ y 財はギッフェン財である。

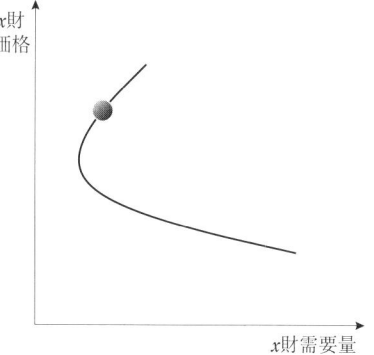

【解　答】

1. 商品の価値は，人が得る効用により決定される。ゆえに技術者側の考えだけではなく，顧客分析を行った上で，顧客のニーズにあった商品開発が望まれる。(70字)
2. ③

【解　説】

1. 研究内容を事業化するには，製品を商品に変えることが大切である。供給者側の理論で作成したものは製品の域を出ることはなく，場合によっては不良在庫となり，処分することもある。効用価値に基づき流通可能な状態になった（現金化することができるようになった）段階で商品になったということができる。
2. グラフの点においては，価格が下がれば需要量も減少している。これは1－3(4)でいうギッフェン財に当たる。

第2章 消費者行動──需要曲線の意味と考察

不安が需要を増大させる。資源の有限な量を正確に把握できたとき，未知という不安は解消され，行き過ぎた価格が調整される。

2-1 需要曲線の連続性と意味

(1) 需要曲線の連続性

　一般的に需要（demand）の把握というと，供給側の視点では，特定の価格でどれだけの数量が売れるかということを考えます。経済学では，この一供給者としての視点における数量のみならず，考える価格の範囲をぐっと広げて，2次元で考えます。つまりある特定の価格における需要を点で捉えるのではなく，すべての価格における需要を線で捉えるということです。

　仮に図2-1のような例を想定してみましょう。この雑貨店では，お香1単位の仕入れが325円であることから，通常は仕入れ値の2倍の650円で売っているとします。そして日々の経験から1日に30個売れるだろうと予想しています。

> ●本章のポイント
> 　ミクロ経済学では，消費者行動，企業行動，市場均衡，ゲーム理論などが，その中心的な内容です。はじめに消費者行動における需要の意味の理解と需要曲線の考察を行います。ミクロ経済学では，アルフレッド・マーシャル（Alfred Marshall, 1842-1924）が確立した需要と供給の理論が柱となります。その中の需要曲線と供給曲線が最も基本的なグラフですので，しっかりと理解しましょう。

図2-1 ある雑貨店における1日のお香の売れ行き

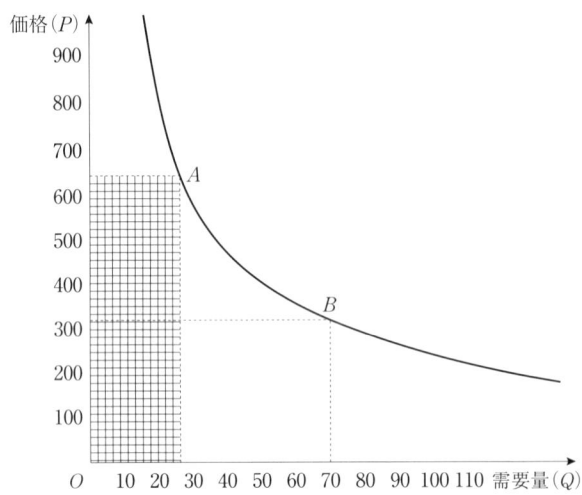

しかし在庫処分で、原価の325円でも売ってもいいと考える場合は、他の商品の在庫処分と同様に倍の70個が売れると予想しているとします。

縦軸が価格、横軸が需要量を示しますから、(価格)×(需要)、すなわち(縦の目盛り)×(横の目盛り)で売上を示します。A点ではOとAを対角線上を2頂点とする長方形(図の格子模様の部分)の面積が売上の大きさを示します。するとB点では原価と同じ販売価格なので利益が出ないものの、売上はA点の650円×30個=19,500円より、B点の325円×70個=22,750円のほうが上がることが、計算上も、またこのグラフからおよそ視覚的にも理解できます。

このように日常では図のA、Bのような(連続的な線ではなく)複数の点で考えます。

しかし経済学では、950円にすれば、50円にすれば、というようにあらゆる価格を想定しますので、あらゆる価格の需要を表す点を結んだ線ができあがります。

このように連続的に考えた線が、第1章にも出てきた需要曲線です。すると点を取って、長方形を考え、その都度、売上の掛け算をしなくとも、計算により売上の最大値が正確に求められます。これには需要曲線の関数化が必要です

が，p を価格，q を需要量として，需要曲線が $p = f(q)$ で示せるとき，その売上 S は $S = f(p, q) = p \times q = f(q) \times q$ という q の関数で示され，最大値を求めることが可能になります（ここで $p = f(q)$ とは価格 p が q によって定められる関数（function）という意味です）。

需要量を決められるのは，消費者が市場で決まった価格を受け入れることを前提とするからです。このように市場で決定された価格を受け入れなければならない消費者を**プライステーカー**（price taker，価格受容者）といいます。経済学にて簡素化した市場である**完全市場**（perfect market）を考える際の条件となります。

(2) 需要曲線が右下がりであることの説明

需要曲線が右下がりである説明を行います。きっと皆さんは価格の変化を考えれば当たり前だろう，と感じておられるでしょう。禅問答や哲学みたいになってきますが，ではなぜ価格が下がれば需要が増えるのでしょうか。実はこの答えは第1章でも，少し述べています。

ここでもう一度，第1章で紹介した限界効用という考え方を持ち出します。第1章では，次の1杯に出してもいいビールの価格というものを考えました。今回は仮に，あるビアガーデンで1日に利用する顧客の平均の限界効用で考えましょう。

まず限界効用の縦棒のグラフ，ならびにその縦棒の先を結んだなだらかな曲線を見てください。すると限界効用は徐々に減っていくことがわかります。当然のことですが，ビールを飲みたいという要求は，ビールの杯を重ねるごとに徐々に減っていきます。このように次第に減っていくことを逓減（diminishing）といいます。一方で次第に増加することを逓増（increasing）といいます。

なお後の章で説明しますが**収穫逓減**（diminishing return）という言葉があります。工場や農地などの固定設備に対し労働者といった可変的なものの投入を増やしていったときに，人の混雑などが原因で，ある点からその投入1単位あたりの産出が次第に減っていくことをいいます。この例は第5章でも説明し

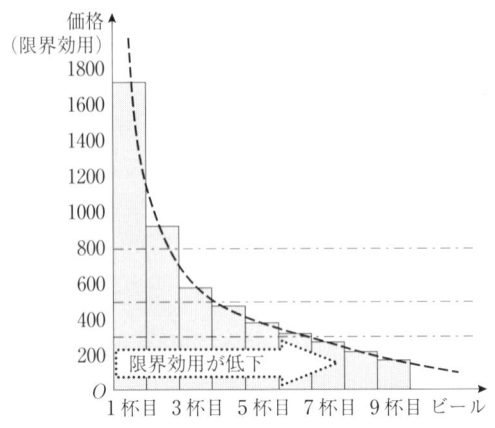

図２−２　ビールの限界効用の変化

図２−３　あるビアガーデンで１日に利用する客の平均の限界効用表

	限界効用	増減
最初の１杯	1,750円	
２杯目	950円	−800円
３杯目	600円	−350円
４杯目	450円	−150円
５杯目	350円	−100円
６杯目	290円	− 60円
７杯目	250円	− 40円
８杯目	220円	− 30円
９杯目	205円	− 25円

ます。

さて話を元に戻すと，この**図２−２**ならびに**図２−３**から，このビアガーデンの価格設定と，売れるビールの数がわかります。仮に800円（横線の一番上）とすれば，この店を利用する客の平均的なビールの消費は２杯であり，280円とすれば６杯です。

顧客の限界効用との関係で，価格が下がれば次第に消費は増えることがわかります。つまり需要曲線が右下がりのグラフになる理由は，限界効用から説明ができます。

２−２　「需要量の変化」と「需要の変化」

(1)　需要量の変化

第１章で所得効果と代替効果という２つの言葉を説明しました。ここではもう一度，具体的に見ていきましょう。消費者がお香を q_1 個買おうとしていたとします。お香の価格が p_1 から p_2 に下がると，消費者はお香の購入金額が減るので，実質的に $q_1 \times (p_1 - p_2)$ の収入を得たのと同様だと考えられます。する

とこの $q_1 \times (p_1 - p_2)$ の金額を利用し，消費者はさらにお香を買い増すかもしれません。このように価格変化により消費者の需要が変化することを所得効果といいます。第1章では，発泡酒の値下げが，消費者の実質所得の上昇につながるという例を挙げました。値下げにより基本的には購入量が増えます。しかし発泡酒がビールと比較し下級財であったため，その実質所得の上昇はビールの購入に向かい，発泡酒の購入を減らす結果となりました。

次に，お香を買う人は，仮に香水も同様の目的で買うとしましょう。するとお香の価格が p_1 から p_2 に下がることで，お香への購買意欲が増加し，本来は香水の購入に向けられる予定だった金額がお香に変わるかもしれません。このように相対的な商品の価格の変化により需要量が変化するのが代替効果です。第1章の発泡酒の例では，この代替効果により本来，ビール購入者は発泡酒の購入者になる可能性があったのですが，発泡酒はビールより下級財であることから代替効果が弱く，所得効果による購入の減少のほうが強くなって，全体としても発泡酒の購入量の減少につながってしまいました。

(2) 需要の変化

(1)では，商品の価格の変化により，所得効果や代替効果が起こり，需要量が変化することを確認しました。しかし価格が変化しなくとも，需要が変化することもあります。

例えば，テレビコマーシャル，インターネット，雑誌や新聞など，私たちの身のまわりには多くの広告媒体が存在します。またそれらのメディアは広告を流すだけでなく，特集などの流行の紹介を通じても，私たちの購買意欲を喚起します。また逆に購買意欲を減退させるようなネガティブな情報がニュースなどを通じて流れるかもしれません。

これらの場合は，価格に変化がなくとも私たちは紹介された商品が欲しい，または欲しくないと感じますので，すべての価格帯において，その広告や紹介がなされる前の需要曲線を，図2-2のように，右または左にシフトさせます。

(1)で，商品の価格が低下することにより，実質的な所得の増加につながるということを説明しました。もちろん商品の価格に変化がなくても，消費者の所

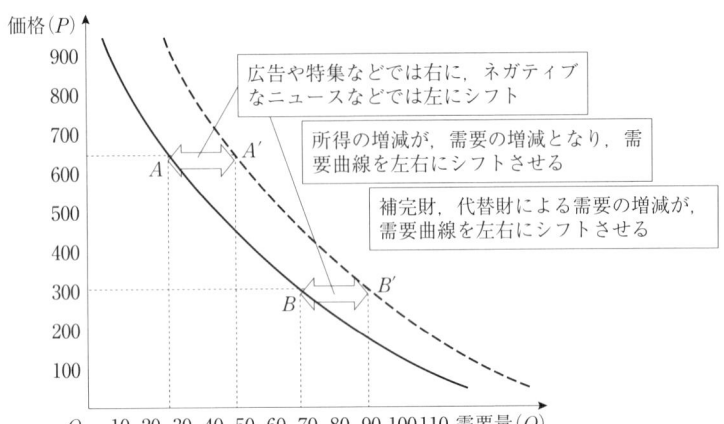

図2-4 消費者の購買意欲の増減による需要の変化

得の増減は，そのまま購買意欲の増減につながります。よってこの場合も需要曲線が左右にシフトします。

　これらの消費者の購買意欲の増減の他にも，需要に変化が起こることがあります。それは**補完財**（complementary goods），**代替財**（substitutional goods）による影響です。補完財では，例えばバターとパン，カメラとフィルムのような関係が挙げられます。それぞれの例では，どちらか一方の消費が増えると，自然ともう一方の消費も増えると考えられます。代替財では，肉と魚，バターとジャムのような関係が挙げられます。これらの例では，どちらか一方の価格の上昇（下落）がもう一方の需要を増加（減少）させます。

　再度確認しますが，価格の変化が原因ではない変化を，需要の変化といいます。需要量の変化は，1つの需要曲線上で，**図2-3**のA点からB点へのように位置が変わることを指すのに対し，需要の変化では需要曲線そのものがシフトします。

図2-5 「需要量の変化」と「需要の変化」の違い

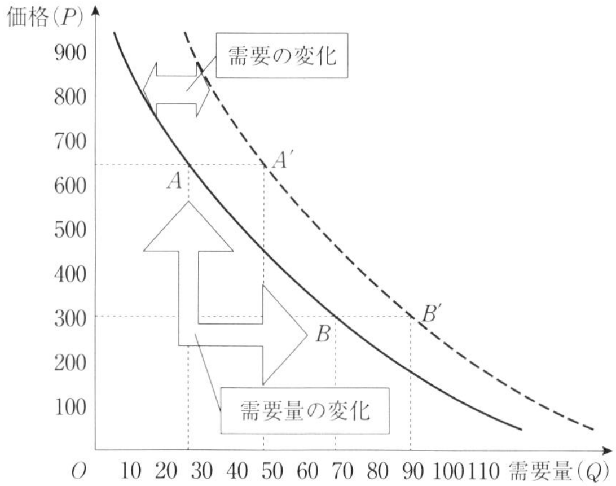

2-3 需要の価格弾力性

(1) 価格弾力性

一般的に，価格が下落すれば需要が増加すること（価格が上昇すれば需要が減少すること），つまり需要曲線が右下がりである理由は，2-1で説明しました。しかしその変化の度合いは商品によって異なります。

例えば，必需品と呼ばれる塩やコメは価格が10％上昇したとして，需要量は大きく減少するでしょうか。一方で贅沢品と呼ばれるケーキや外食における消費はどうでしょうか。

このような価格の上昇（下落）に対し，需要量がどれだけ減少（増加）するかを示す数値を需要の価格弾力性（price elasticity）といい，次の式で計算されます。

$$価格弾力性 = -\frac{需要の変化率(\%)}{価格の変化率(\%)} = -\frac{\dfrac{需要量の変化(\Delta Q)}{元の需要量(Q)}}{\dfrac{価格の変化(\Delta P)}{元の価格(P)}}$$

（Δ とは「増加量」を意味します）

（例）

　　ある財の価格が500円から550円に変化し，需要量が200単位から160単位に変化したとすると，

$$\begin{pmatrix}この場合の当初の価格，需要を\\基準としたの価格弾力性\end{pmatrix} = -\frac{\frac{160-200}{200}}{\frac{550-500}{500}} = 2$$

となります。

　つまり価格の変化は10％なのに対し，需要量の変化は－20％と大きいため，価格弾力性は2となります。一般的に，必需品では価格弾力性は小さく，この場合は非弾力的といいます。一方，贅沢品の場合は価格弾力性が大きく，この場合は弾力的といいます。

　このように必需品の場合はどうしても購入する必要が出てくるため，価格が上がっても需要量は大きくは減らない傾向にあります。

　弾力性が大きいか，小さいかは，価格弾力性の数値が1より大きいか，小さいかで判断します。価格弾力性の数値が大きいと，需要量は価格変化に敏感に反応すると考えられます。

　なお，

$$価格弾力性 = -\frac{需要の変化率（\%）}{価格の変化率（\%）} = -\frac{\frac{需要量の変化（\Delta Q）}{基準の需要量（Q）}}{\frac{価格の変化（\Delta P）}{基準の価格（P）}}$$

$$= -\frac{\Delta Q}{\Delta P} \times \frac{P}{Q} \quad （分子・分母に，P \times Q を乗じた）$$

となることから，

$$価格弾力性 = -\begin{pmatrix}需要曲線における需要量の\\価格に対する変化の割合\end{pmatrix} \times \frac{P}{Q}$$

と変形することもできます。

（例）

　　ある財の需要曲線が，$q = 60 - 4p$（q は需要量，p は価格）で表されるとき，価格が10とすると，需要の価格弾力性は，この場合の変化の割合（価格 p で微

分した結果）が -4, $p=10$ のとき, $q=20$ であるから,

$$価格弾力性 = -\frac{\Delta q}{\Delta p} \times \frac{p}{q} = -(-4) \times \frac{10}{20} = 2 \text{ となる。}$$

（注記）

Q が P の式（$Q=a \times P+b$, a, b は定数）で表されるとき，$\frac{\Delta Q}{\Delta P}$ を P で微分した結果といいます。直線の式（1次関数）では，$\frac{\Delta Q}{\Delta P}$ はその直線の傾き a の値に等しくなります。

(2) 価格弾力性に影響を与える要因

　純粋に必需品，贅沢品という分類だけで，需要の価格弾力性を考えても，現代社会にそのモデルは当てはまらないことがあります。現代社会では，複数の要因が複雑に関係している点が，机上の学問との差といえます。しかし，より深く考察を行うことで，理論をフィールド現象に近づけることができるのも事実です。次のような場合を考えてみてください。

　1つは，**2-2**で学んだ代替財がある場合です。この場合は，必需品であっても，代替財があれば価格が弾力的になります。例えば，パスタやパンを比較的多く消費する社会では，コメが主食であり必需品に分類されていたとしても，コメの値段が急騰すれば，消費者は無理にコメを買い続けずに，パスタやパンに切り替えるでしょう。つまり需要は価格に敏感に反応するようになります。

　その一方で，贅沢品であっても価格が弾力的になりにくいのはどのような場合でしょうか。高機能なデジタルカメラや，据え置き型ゲーム機などを思い浮かべてください。もし他のメーカーの商品の価格が上昇（下落）したとしても，すぐに買い替えるでしょうか。

　他のメーカーのものに買い替えると，買い替えの金銭的費用の他に，新たに説明書を読み，操作を学ばなければいけません。このような新たな学習の必要と，商品価格の低下による購入意欲がトレードオフの関係になると考えられ，その分だけ需要へ反映されにくくなります。経営学ではこのように，商品の乗りかえに必要なコストのことを**スイッチングコスト**（switching cost）といいます。スイッチングコストには，このような心理的ハードルと金銭的負担の双

図2-6　代替品が存在する場合の需要曲線の変化

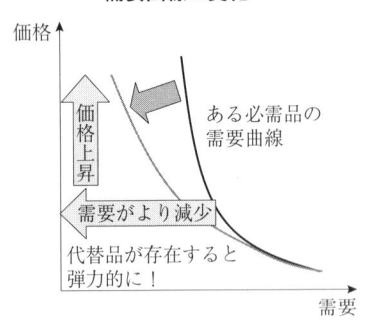

図2-7　スイッチングコストと需要曲線の変化

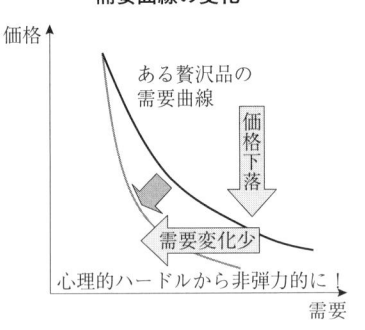

方が含まれます。

(3) 需要の価格弾力性を利用した価格設定戦略

　需要の価格弾力性は，新商品の市場投入時の価格設定においても参考にすべきものです。第1章で「価格は顧客が決定する」という顧客指向の考え方が重要と述べました。しかし実際には顧客がいくらの価値をその新製品につけるかはわかりません。そのようなとき，価格設定の方法として，**ペネトレーションプライシング**（penetration pricing）と**プライススキミング**（price skimming）といわれるものがあります。

　ペネトレーションプライシングとは初期低価格戦略のことで，新商品を市場に投入する際，当初は低価格に設定します。その目的は，市場に対し商品を早期に浸透させることです。その後，大量生産により，損益を合わせていく（利益をより確保していく）のが一般的です。この戦略では当初の低価格に消費者が敏感に反応することが重要になりますので，価格弾力性の高い商品に向いているといえます。

　一方，プライススキミングとは初期高価格戦略のことで，新商品を市場に投入する際，当初は高価格に設定し，売上の低下に伴い，価格を下げていく方法です。早期に開発費用の回収を図る場合，高級感などのブランドイメージを定着させる場合などに採用されます。商品が高価格でも，購入により優越感を得

るなどの効果があるため，購買力のある消費者を対象にします。つまり購入意欲が商品価格以上であることが条件となるため，価格弾力性の低い商品に向いているといえます。

このように価格弾力性は販売戦略にも関係し，企業経営において無視することはできません。

2-4　課　題

本章では，需要について，通常，私たちがモノを売買するときの予測の範囲を広げ，同一需要曲線上ですべての価格と需要量の関係，また需要曲線自体がシフトする場合の双方を考えました。

また商品により，価格が需要量の変化に結びつきやすいもの，あまり影響を受けないものがありますが，その変化を決定する要因も多様であることを知っていただけたと思います。

理論をフィールドに応用することに加え，日常の事象を理論と照らし合わせ考察することも重要です。そのことで，ビジネス，その他において，何らかの気づきになることを期待します。

では今回の課題に取り組みましょう。

【課　題】
1. 「需要量の変化」と「需要の変化」の違いを100字程度で述べなさい。解答の際，「価格」と「需要曲線」という言葉を文中に入れること。
2. 需要曲線が $x=60-4p$（x は需要量，p は価格）で表されるとします。
   (1) 需要の価格弾力性を p で表しなさい。
   (2) 需要の価格弾力性が0.5となるときの，価格 p ならびに需要量 x はいくらか計算しなさい。
3. 完全競争市場において，価格を p，数量を q とするとき，需要曲線が $q=-2p+24$，供給曲線が $q=p^2$ であるとする。このとき市場均衡点における需要の価格弾力性を求めよ。

【解　答】

1. 価格が変化することに伴い，同一需要曲線上における点が移動し，需要量が変わるのが「需要量の変化」であり，元の需要曲線に対し，すべての価格で需要量が変化し，需要曲線自体がシフトするのが「需要の変化」である。（101字）
2. (1) $4p/(60-4p)$　　(2) $p=5$, $x=40$
3. $1/2$

【解　説】

1. 需要曲線自体が変化するかどうかが大きな違いである。詳細は本章 **2-2** を参照のこと。
2. (1) （需要の価格弾力性）
   $= -\{$（需要量の変化率）$\div$（需要量）$\} \div \{$（価格の変化率）$\div$（価格）$\}$
   $= -\{$（需要量の変化率）$\div$（価格の変化率）$\} \times \{$（価格）$\div$（需要量）$\}$
   $= -$（変化の割合）$\times \{$（価格）$\div$（需要量）$\}$

   であるから，価格が p のとき，
   （需要の価格弾力性）
   $= -(-4) \times \{p \div (60-4p)\} = 4p/(60-4p)$

   (2) $4p/(60-4p)=0.5$ を解いて，$p=5$，$x=60-4p$ に $p=5$ を代入して，$x=40$。

3. 市場均衡点では，需要曲線，供給曲線の双方を満たすので，2 式を連立し，$(p, q)=(4, 16)$ が市場均衡点である。よって需要の価格弾力性は，$-(-2) \times 4/16 = 1/2$。

   なお，価格弾力性 $= -\dfrac{\Delta Q}{\Delta P} \times \dfrac{P}{Q}$ であるから，需要曲線が 1 次関数でなくとも，市場均衡点における微分により $\dfrac{\Delta Q}{\Delta P}$ は容易に求めることができる。

第3章　消費者行動——消費者余剰と最適消費

人は無意識のうちに，自らが最も幸せになる選択を指向するが，意識的には已むに已まれぬ非合理な思考を持ち合わせる。

3-1　消費者余剰と効用最大化

(1) 消費者余剰の意味

図3-1は第2章でも出てきました。今回はこのグラフをある消費者のある日のビアガーデンにおける限界効用を示していると考えてください。もしこのビアガーデンのビールの価格が500円だったとしたら，この消費者はこのビアガーデンで3杯のビールを飲むと考えられました。

さて，この消費者は1杯目には1,750円，2杯目には950円，3杯目には600円を出してもいいと考えていたわけですから，この消費者の3杯目までの効用の合計は3,300円となります。しかし実際に支払う金額は，500円×3杯で1,500円なので，差し引き3,300－1,500＝1,800円分だけ，得をしたと考えることができます。このような差額を**消費者余剰**（consumer's surplus）といいま

> ●**本章のポイント**
>
> 　この章では，需要曲線のグラフを考察するとともに，需要と関係するもう1つのグラフである無差別曲線について学びます。需要曲線は財の需要量と価格の関係を表したのに対し，無差別曲線は2つの財の関係を表します。効用とも深いかかわりがありますので，第1章，第2章を軽く見直した上で読み進めるとよいでしょう。

図3-1　ある消費者のある日のビアガーデンに
　　　　おける限界効用

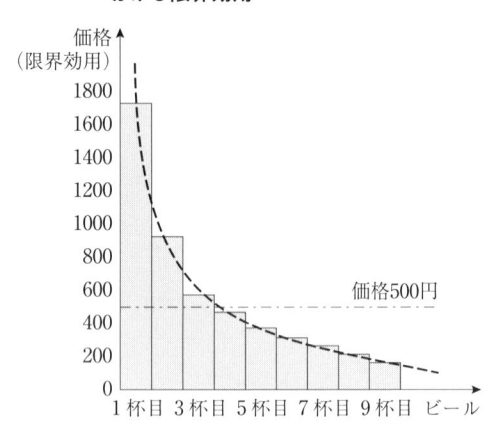

　　す。
　消費者余剰とは，消費者が持つ効用と実際に支払う額との差であり，消費者にとっては利益のようなものといえます。(2)にて，グラフで確認します。

(2) **限界効用と価格と消費者余剰の関係**
　図3-2において，仮にグラフに連続性を持たせた上で，(1)の消費者余剰を図で説明すると，「限界効用のグラフ」と「価格の横線のグラフ」で挟まれた左側の「領域A＋領域B」が消費者余剰と最大化している状態ということになります。もちろんこの消費者がビールを飲むのを2杯でやめた場合は「領域A」のみ（計算上は1,750＋950－500×2＝1,700円），または4杯飲んだ場合は「領域A＋領域B－領域C」（計算上は1,750＋950＋600＋450－500×4＝1,750円）が消費者余剰となります。(1)で3杯飲んだときの消費者余剰は1,800円でしたので，2，4杯では消費者余剰は最大化されません。
　つまり消費者余剰とは，総効用から総支出を引いた差（何杯目を右側の境界として，「限界効用のグラフより下の部分」から，「価格の横線より下の部分」を引いた結果）ともいえます。

図3-2　消費者余剰の領域

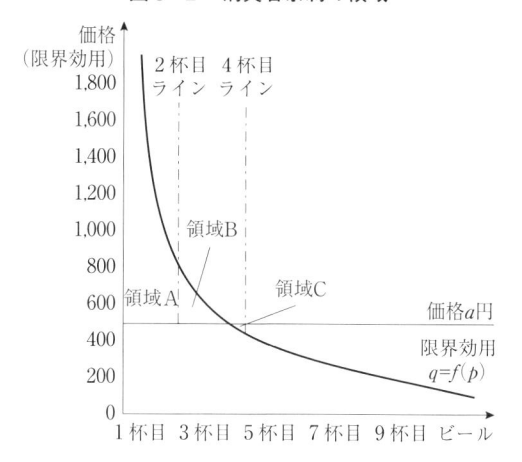

図3-3　総効用，総支出，消費者余剰，限界効用の関係

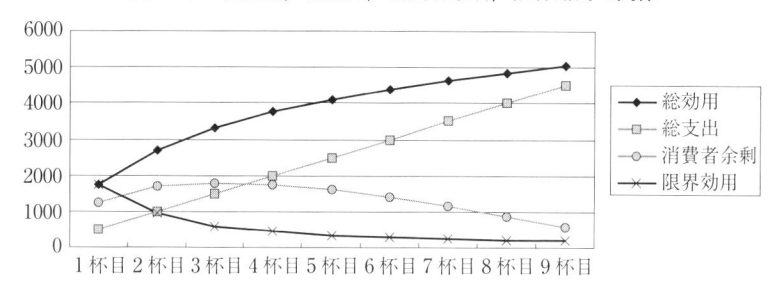

（消費者余剰）＝（総効用）－（総支出）

　経済学では消費者は合理的に行動するものと考えますが，消費者が実際に自らの効用を最大化しようとすることを，**効用最大化仮説**といいます。

　図3-3のように総効用，総支出，消費者余剰，限界効用の関係をまとめました。消費者余剰が3杯目を境にして増加から減少に転じていることがわかります。

3-2 効用と無差別曲線

(1) 無差別曲線

3-1までは1つの財についての効用を考えました。ここでは2つの財について，効用を考えてみましょう。

財1と財2の2種類の財が存在し，その2つしか選択できないと仮定します。ここで，財1と財2の組合せが（5，20）のとき，ある消費者は10という効用を得られるとしましょう。するとこの10という満足が得られる組合せはA（5，20）以外にも存在し，B（7，10）やC（12，5）でも同じ満足を得られるとします。このような同じ満足を得られる2財の組合せを座標に示し，それらの点を結んだ線を，**無差別曲線**（indifference curve）といい，**図3-4**のようになります。無差別とは，その言葉の通り，取り扱いに違いが存在しないことであり，どちらでもよいということになります。

また同じ無差別曲線上であるなら効用は変わりませんが，A点からB点，C点へと変化するにつれて，財1が増える一方で，財2は減るというトレードオフの関係になっています。効用を一定に保ちながら，一方の財の消費を1増やすことに対する，もう一方の財の消費の減少分を**限界代替率**（MRS, marginal rate of substitution）といいます。この限界代替率は次の式のように，2財の限界効用の比（効用の変化分の比）としても定義できます。

$$限界代替率（MRS）= \frac{財1の限界効用}{財2の限界効用} \left（= \frac{財2の変化量}{財1の変化量}\right）$$

限界代替率は，ある点での無差別曲線の接線の傾きの絶対値に一致します（財2の増加量を財1の増加量で割った「変化の割合」の極限を考えるためです）。

無差別曲線上では，右下に行くほど財2が減少し，財1が増加しますが，その交換割合に変化が見られます。**図3-4**において，AB間よりもBC間のほうが財1を1つ増やしたときの，財2の減少（効用を一定に保つためにあきらめる数）の度合いは少なくなっています。つまり限界代替率はA，B，C右下

図3-4　無差別曲線の例

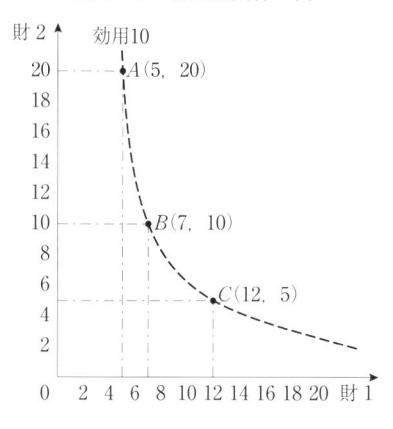

図3-5　様々な効用の大きさを考えた無差別曲線

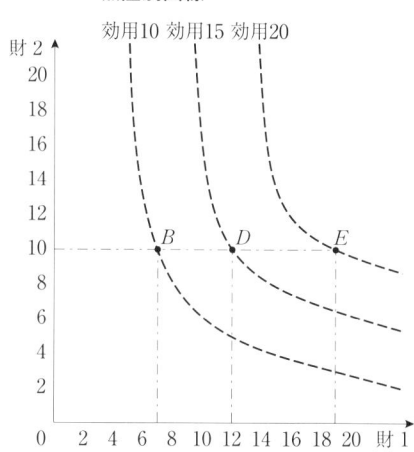

に移動するにつれ，徐々に減少していきます。

　一般的に無差別曲線が原点に凸の曲線になる理由は，同じ財の消費量が増えるほど，その財に対する相対的な評価が下がるためです。つまりここでも限界効用逓減の法則をイメージできます。正確には，財1も財2も通常財である限り，財の消費が増えることにより，その財の評価が下がっていくため，もう一方の財との交換比率が悪くなるということです。つまり**限界代替率逓減の法則**が働きます。

　では次に効用の違う無差別曲線は交わらないことを説明します。効用が10より多い場合を考えましょう。**図3-5**のB，D，E点を見てください。財2の数量を10と一定にし，効用を15得るにはD（12, 10），効用を20得るにはE（19, 10）という財1と財2の組合せが必要だとわかります。やはり財1が通常財である限り，その数が増大すればするほど，その効用は増えていきます。このことから，片方の財を一定にした場合，もう片方の財を増やせば（減らせば）効用は増加（減少）します。つまり効用の違う無差別曲線は，片方の座標（財の数）が一定のとき，もう片方の座標（財の数）には増減があるといえますので，それぞれは交わりません。

第3章　消費者行動——消費者余剰と最適消費　33

またこのように原点から遠いほど，効用の水準が大きくなることも確認できます。無差別曲線は，天気図の等高線のようなイメージを持つとわかりやすいでしょう。合理的な考えで行動する消費者は効用を最大化しようと考えますから，右上の無差別曲線を好みます。

(2) **無差別曲線の形状**

(1)で説明した通り，基本的には無差別曲線は原点に対して凸となります。そしてその形は2つの財の評価により変わります。

図3-6は無差別曲線の傾きが急なことから，財2を大幅に減らしても財1を少し増やすだけで効用を一定に保つことができるため，財1を評価した無差別曲線といえます。**図3-7**はその逆で，財2を少し減らしただけでも財1を大幅に増やさないと効用が一定に保たれない，つまり財2を評価している様子がわかります。

また原点に対し，凸な無差別曲線以外の形状も例外的に存在します。**図3-8**の真ん中の点は飽和点といわれ，その点が最も効用を最大化している状態を示します。お酒の飲みすぎによる悪酔いのように，多すぎても少なすぎても効用は最大化されず，適量である場合が当てはまります。

図3-9では，財2の増加がマイナスの効用を生む場合に当てはまります。トレードオフの関係にある2つの事象を当てはめることができます。文明の発達と環境破壊のような2財のイメージがわかりやすいと思います。

図3-10の例では，片方の財を消費しだすと，その消費がメインとなり，もう片方の財を積極的には消費しないという関係をイメージしてください。例えば食事とデザートのような関係を例に出すと，食事とデザートを同等量取るよりは，食事をするなら食事をメインにしたいと思うような場合です。

図3-11は，片方の財の消費が効用の増減を生み出さない場合です。図の場合は財2の消費が効用に影響を与えないことを示しています。例えば菜食主義者であれば，財1がサラダ，財2がビーフというイメージになります。

図3-6　財1を評価した無差別曲線

図3-7　財2を評価した無差別曲線

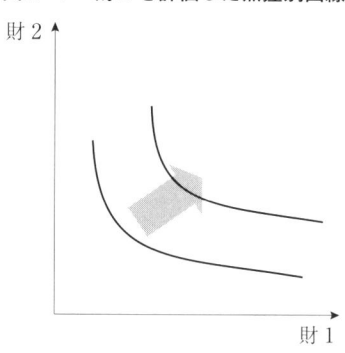

図3-8　飽和点

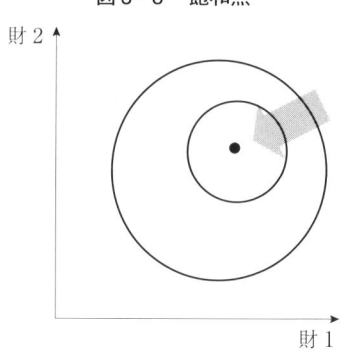

図3-9　財2がマイナスの効用

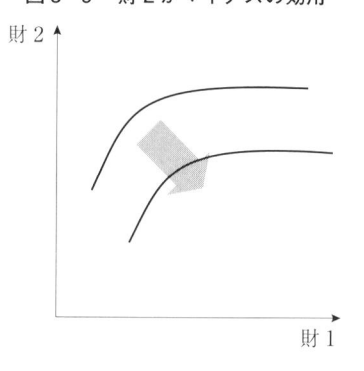

図3-10　原点に対して凹な場合

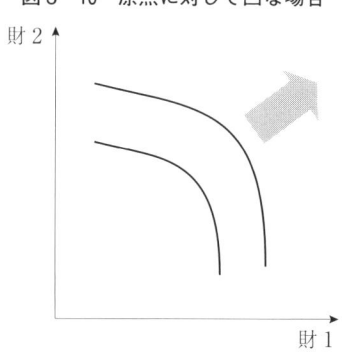

図3-11　軸に平行な場合

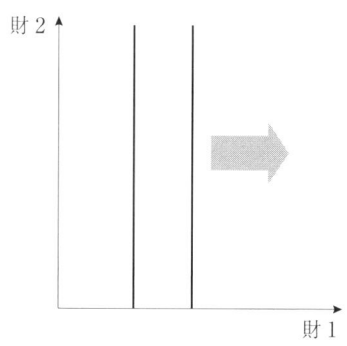

3-3　予算制約線と最適消費

(1)　予算制約線

　無差別曲線を理解したところで、次に予算制約線について説明します。与えられた予算を3,000円とし、1つ300円のおつまみ（財1）x個と1本200円のビール（財2）y本の2財の消費に充てるとします。するとこの場合の予算の制約と現実的な条件は、次のような不等式で表されることがわかると思います。

$$300x + 200y \leq 3,000 \quad \cdots ① \qquad x \geq 0 \quad y \geq 0 \quad \cdots ②$$

　この①、②を図示すると**図3-12**の△OAB内となりますが、このときの①の境界を示す線を予算制約線といい、等号で結ばれた式 $300x + 200y = 3,000$ …③を予算制約式といいます。つまり**予算制約線**（budget constraint line）とは、予算（所得）と価格が与えられているときに、財を最大に購入できる組合せの軌跡といえます。

　また③を y について解くと、$y = -\frac{3}{2}x + 15$ となり、傾き $-\frac{3}{2}$、y切片が15の1次関数であることがわかります。この傾きの絶対値は、おつまみとビールの2財の価格比となる $\frac{財1の価格}{財2の価格}$ になります。これは**図3-12**の A 点から B 点に移動すると見れば、まさに最初 A 点ではおつまみとビールが（0, 15）という組み合わせなのに対し、おつまみを1つ増やすごとに、ビールを1.5本減らしてくため、B 点に到達すると（10, 0）という組み合わせになるという意味です。この価格比については、次の最適消費の説明で重要になります。

(2)　最適消費

　この章の**3-2(1)**の無差別曲線の説明で、「合理的な考えで行動する消費者は効用を最大化しようと考えますから、右上の無差別曲線を好みます」と述べました。この予算制約線と無差別曲線を組み合わせると、賢い買物ともいえる最適消費の選択を決定することができます。

　図3-13は**図3-12**に無差別曲線を追加したものです。無差別曲線は基本的に、原点から遠いほうが効用は高くなりますから、**図3-13**を見ると、消費可

図3-12 予算制約線と消費可能な領域

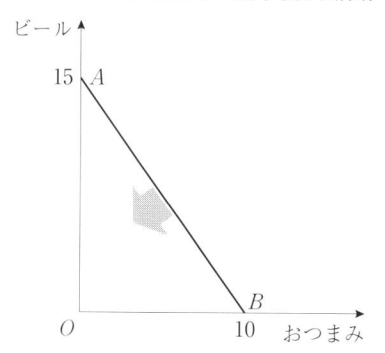

図3-13 予算制約線と無差別曲線

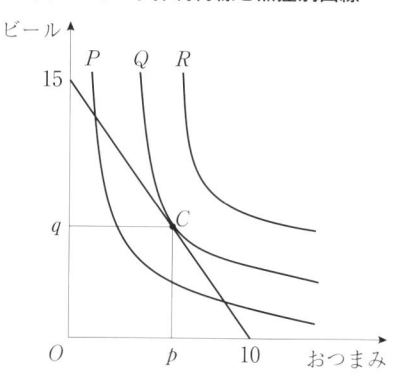

能な領域を通過している無差別曲線で，一番効用が高いのは無差別曲線 Q になります。さらにこの無差別曲線 Q 上においても消費可能な領域を満たす点は，予算制約線と無差別曲線 Q の接点 C ですから，最適消費点はこの接点 C と決定することができました。この C 点 (p, q) が，予算内における効用を最大化する点であり，**消費者均衡点**といいます。

さらにここで消費者均衡点の C 点が，無差別曲線 Q と予算制約線の接点であることから，無差別曲線 Q の接線が予算制約線と一致することがわかります。すると最適消費の条件として，

（無差別曲線 Q の接線の傾きの絶対値）=（予算制約線の傾きの絶対値）

ということになり，限界代替率が財1の限界効用を財2の限界効用で除したもの，また 3-3(1)で予算制約線の傾きの絶対値は2つの財の価格比と説明したことから，

$$\left(\text{限界代替率} = \frac{\text{財1の限界効用}}{\text{財2の限界効用}}\right) = \left(\text{2つの財の価格比} = \frac{\text{財1の価格}}{\text{財2の価格}}\right)$$

この式を変形して，

$$\frac{\text{財1の限界効用}}{\text{財1の価格}} = \frac{\text{財2の限界効用}}{\text{財2の価格}}$$

第3章 消費者行動——消費者余剰と最適消費 37

がいえます。

3-4 課題

　第3章では，第2章で学んだ1財に対する需要曲線と効用の関係をもう少し詳しく確認すると同時に，2財の最適消費を無差別曲線と予算制約線の2つのグラフから確定しました。最適消費については，初学者の方には数学的な要素が入ったことから，難しく感じる部分があったかもしれません。まずは最適消費が2つのグラフの接点で決定されることをイメージで納得した上で，最適消費点では限界代替率と2財の価格比が一致することを理解していただければと思います。

　それでは今回の課題です。

【課　題】
1.　消費者が最初の1つ目から消費しはじめ，その財の価格を限界効用が下回っても，消費者がその財を消費し続けるとき，消費者余剰はどのように変化するか。次の中から正しい文章を選びなさい。なお財の価格は一定とする。
　① 限界効用の変化に関係なく，消費者余剰は増加し続ける。
　② 限界効用の変化に関係なく，消費者余剰は減少し続ける。
　③ 限界効用が財の価格を上回っている間は消費者余剰は減少し続けるが，財の価格を下回りだすと消費者余剰は増加に転じる。
　④ 限界効用が財の価格を上回っている間は消費者余剰は増加し続けるが，財の価格を下回りだすと消費者余剰は減少に転じる。
　⑤ この場合，限界効用が変化しても，消費者余剰は一定である。
2.　A君の学校では，遠足に持っていけるおやつの金額は270円までと決められている。
　A君は1つ10円の棒状のスナック菓子 x 個と1本15円のバナナ y 本の2種類を買うことに決めた。A君のスナック菓子の限界効用が $2xy$，バナナの限界効用が x の2乗で与えられるとき，A君の最適消費となる2種類のおや

つの数を求めよ。

3. 無差別曲線について述べた以下の文章を読み，問いに答えなさい。

　　無差別曲線は，ある人の2財 X と Y に関する ① の組み合わせを示しており，X の消費が減少すると，満足の水準を示す ② も減少する。その減少した ② と同等分を補うために Y の消費を増やすことで，② 水準を維持することができ，このとき無差別曲線は右 ③ の形状になっている。

(1) 空欄①～③に入る用語を記入しなさい。

(2) 無差別曲線は多くの場合，原点に向かって凸の形をしています。このとき成立しているこの凸になる理由を示している法則を次の中から選びなさい。

　　① 限界代替率逓増の法則　　② 限界代替率逓減の法則
　　③ 限界効用逓増の法則　　　④ 限界効用逓減の法則

(3) 無差別曲線には原点に凸である一般的なもの以外にも，様々な形状が存在します。例えば X 財にパスタ，Y 財に蕎麦を取った場合，たとえ麺類が好きな人でも消費する量の限界に達し，食べすぎると逆に効用が減少します。このような形状を示す無差別曲線を次の中から選びなさい。

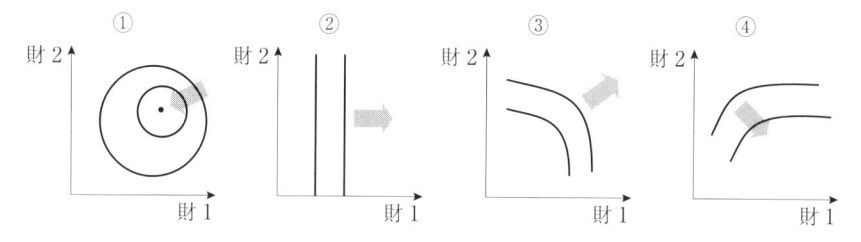

4. ある家計が，予算8,000円で200円の財 X と400円の財 Y をそれぞれ x 個，y 個，購入しようとしている。この家計の効用関数を $U = 2xy$ とするとき，この家計の効用の最大値を求めよ。

【解　　答】

1. ④

2. スナック菓子18個，バナナ6本
3. (1) ①選好　②効用　③下がり
   (2) ②　(3) ①
4. 400

【解　説】

1. 消費者余剰とは，消費者が持つ効用と実際に支払う額との差であるから，限界効用＞財の価格であれば，消費者余剰は増加する。本章図3-3を参照のこと。

2. 予算制約式は，$10x + 15y = 270$ …① である。

   ここで，(限界代替率)＝(2財の価格比)

   つまり，$\dfrac{財1の限界効用}{財1の価格} = \dfrac{財2の限界効用}{財2の価格}$ であるから，$\dfrac{2xy}{10} = \dfrac{x^2}{15}$

   これを整理して，$x = 3y$ …②

   ②を①に代入して，$30y + 15y = 270$

   ∴　$x = 18$　$y = 6$

   (参考)

   このA君の効用関数は $U = x^2 y$ であり，それぞれの財の限界効用 $2xy$, x^2 は，この効用関数を x および y で偏微分した結果である。この効用関数に①を満たす様々な数値を代入し，今回導いた結果がA君の効用を最大化していることを確認してみること。

3. (2) ④の限界効用逓減の法則は，財の消費が増えるにつれ，財の追加消費から得られる効用が次第に小さくなるというということである。ゴッセンの第1法則ともいう。もちろん限界効用逓減の法則も題意を満たしてはいるが，2財の関係について説明できるのは限界代替率逓減の法則になる。

   (3) 円の中の点を飽和点といった。

4. 予算制約式は $200x + 400y = 8{,}000$，変形して $x = 40 - 2y$。これを効用関数に代入し，$U = 2y(40 - 2y) = -4(y - 10)^2 + 400$。よって $y = 10$ のとき，効用の最大値は400，このとき $x = 20$。

(参考)

今は微分を避けるため 2 次関数の最大で効用が計算できるようにしたが，もちろん効用関数を x と y のそれぞれで偏微分し，$2y$，$2x$ という限界効用を求め，$\dfrac{財1の限界効用}{財1の価格} = \dfrac{財2の限界効用}{財2の価格}$ から，$\dfrac{2y}{200} = \dfrac{2x}{400}$，よって $x = 2y$。これを予算制約式 $200x + 400y = 8,000$（$x = 40 - 2y$）に代入して，$y = 10$，$x = 20$．このとき $U = 2xy$ に代入し，効用の最大値を400と計算してもよい。

第4章　消費者行動——消費者行動理論の応用

時が流れようが，場所が変わろうが，
どのような環境にも共通する法則がある。

4-1　労働供給時間の選択

(1) 労働供給時間の選択への応用

　個々の消費者は，財やサービスを消費するだけではありません。その消費を行うために労働という行為により賃金を得ています。このことは，「働いている時間，およびそこから得られる収入で購入する財」と「働かない時間，つまり余暇」との関係がトレードオフであることを意味しています。いい換えれば，余暇を失い，財を得る（労働時間を増やして，収入を得て財を購入する）といえます。

　このように考えると，無差別曲線と予算制約線の関係を応用することができ

> ●本章のポイント
>
> 　第2章，第3章では，消費者行動の基本的な考え方となる需要曲線や無差別曲線，予算制約線について説明をしました。これらは現実の世界の事象の一部を仮に固定，ないしは考えないこと，ならびに消費者の行動が効率的であるという仮定のもと，グラフ化したものです。
>
> 　そこで本章では，その基本的な考え方が，様々な場面で応用できることを説明いたします。本章の事例以外にも，皆さんが様々な場面でミクロ経済学の考えを応用されることを期待します。

図4-1 労働供給時間の選択における予算制約線

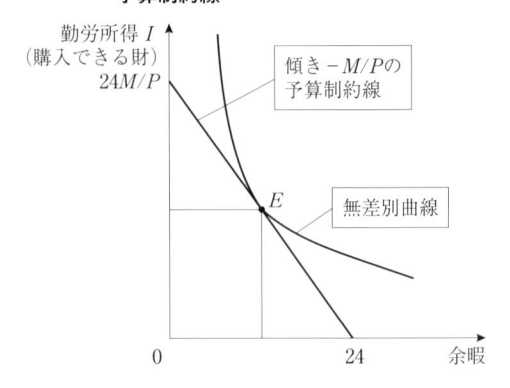

```
勤労所得 I
(購入できる財)
24M/P
                 傾き -M/P の
                 予算制約線

                    E        無差別曲線

   0                24      余暇
```

ます。最適消費で考えた，無差別曲線と予算制約線の双方における2財 X, Y が，労働供給時間の選択では余暇 X と購入できる財 Y という関係に置き換えられるわけです。

(2) 労働供給時間の選択における効用

最適消費における2財 X, Y が，労働供給時間の選択では余暇 X, 購入できる財 Y という関係に置き換えてください。労働者は余暇 X を増やして労働により得られる財 Y を減らすか，余暇 X を減らして労働による財 Y を増やすかになります。つまり余暇 X と購入できる財 Y （労働）とのトレードオフを考えますので，一般的には無差別曲線が原点に対し凸の曲線となります。また余暇 X, 購入できる財 Y がともに多くなれば，それだけ効用は大きくなりますから，無差別曲線は右上のものを好みます。

予算制約線を考えると，1日は24時間という制約があり，このことは最適消費における予算と同じ性質と考えられます。その制約のもと労働時間（収入）と余暇を分配という形になります。

これらを図示した**図4-1**の曲線を参考にしてください。

(3) 予算制約式の導出

では実際に予算制約式を求めてみましょう。時給を M 円，労働者が購入する財の価格を P 円，余暇として使う時間を X，勤労所得を I とします。所得は時給と労働時間の積ですから $M(24-X)$ となります。これを名目賃金といいます。しかしたとえ名目賃金が上がっても，同様の割合だけ消費者物価が上昇すれば，労働者にとっては賃金の上昇になりません。よって労働者が受け取った賃金（名目賃金）を消費財の価格（消費者物価）で割ることで，物価の上昇も考慮した賃金を考えることになります。これを**実質賃金**（Real Wages），または購買力賃金といいます。よって，M/P が実質賃金となり，これに労働時間 $(24-X)$ をかけた金額が，勤労所得 I になります。

$$I = M(24-X)/P = (-M/P)X + 24M/P \qquad 0 \leq X \leq 24$$

このように変形すると，勤労所得 I は余暇 X で定められる1次関数となり，まさに予算制約式と同じ直線を導くことができました。図4-1における右下がりの直線になります。

(2)で述べた効用の曲線とあわせて考えると，労働者は与えられた条件下で効用を最大化しようとしますから，図4-1の無差別曲線と予算制約線の接点 E で余暇の時間 X を決定（労働時間を決定）します。

(4) 機会費用

ここで第1章でも触れた**機会費用**（opportunity cost）について考えましょう。余暇を得るためにその分の勤労所得を放棄する例のように，ある行動を選択することで失われた利益（他の選択肢で得られたであろう利益）のことを機会費用といいました。労働供給時間の選択の例では，余暇 X を1時間増やすと，勤労所得 I は M/P だけ減ることになります。つまり余暇1時間を M/P という価格で購入していると考えることができます。

(5) 労働供給時間の選択における代替効果と所得効果

第1章の章末で，代替効果と所得効果について触れました。代替効果とは，

図4-2 所得上昇と代替効果　　　図4-3 所得上昇と所得効果

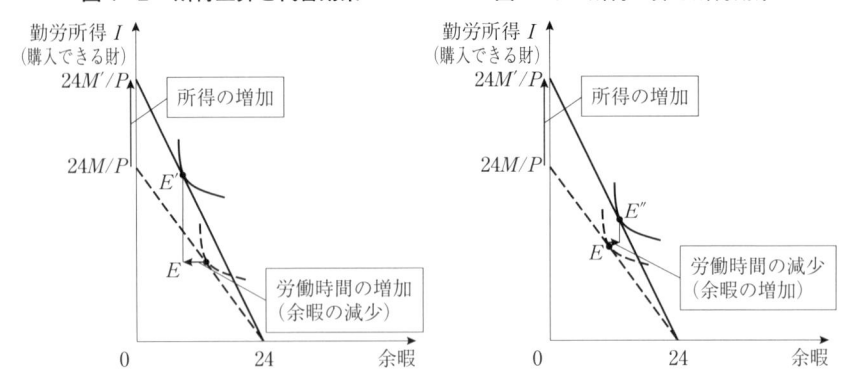

商品の相対的な価格が変化することにより需要量が変化することを指しました。商品Bの値段が相対的に高くなると，商品Aの需要量が増えるという例です。所得効果とは，商品の価格が変化することで実質所得にも変化が起こり，需要量が変化することを指しました。商品Aの価格が下がると，実質所得が増加すると考えることができ，商品Aの需要量が上がります。

　労働供給時間の選択においても，代替効果と所得効果の双方が起こります。

　1時間あたりの勤労所得が上昇すると仮定しましょう。すると余暇を単位あたり購入する価格が高くなります。その余暇の価格上昇の結果，**図4-2**のように，点Eから点E'へと余暇を減らし労働時間を増やそうとする代替効果が発生します（余暇の価格の変化が，労働時間の選択に影響を与えている点が代替効果のポイントです）。

　一方で，1時間あたりの勤労所得の上昇は，労働時間を減らしても，賃金上昇前の所得が得られます。よって，点Eから点E''のように，余暇を増やし労働時間を減らそうとする**図4-3**のような所得効果が発生します（勤労所得そのものの価格の変化が，労働時間の選択に影響を与えていることが，所得効果のポイントです）。

　このような代替効果と所得効果の双方の影響，それらの大小により，1時間あたりの勤労所得の上昇が最終的に労働時間を増加させるか減少させるかを決定します。

4-2 貯蓄の選択

(1) 貯蓄の選択への応用

ここでは所得をいま消費するか，それとも貯金をするかの選択について考えます。この場合，所得を，現在の消費と将来の消費へ分配すると考えます。

最適消費における2財 X，Y を，以下のように，置き換えて考えてみてください。

最適消費	財 X	財 Y
労働時間の選択	余暇 X	勤労所得 I
貯蓄の選択	現在の消費 C	将来の消費 C

やはり現在の消費と将来の消費の組み合わせには効用に順番があり，制約された範囲の中で最も好ましい選択をすると考えることができます。このように異なる時点での経済活動を考えることを異時点間モデルといいます。

(2) 割引現在価値

貯蓄の選択について説明する前に，**割引現在価値**（DCF; Discounted Cash Flow）について触れておきます。これは無リスク状態における金利であるリスクフリーレートなどを参考にした割引率を用いて，将来のキャッシュ・フローを現在の価値に計算し直した価値のことをいいます。リスクの高い将来の価値に対しては，割引率を高めに設定します。

例えば，現在の1万円は1年後には利子率 r を考慮して，$1万 \times (1+r)$ 円になります。n 年後には $1万 \times \{(1+r) の n 乗\}$ 円です。すると逆に考えれば，n 年後の1万円は $x \times (1+r)n = 1万円$ を x について解いて，$x = 1万円 / \{(1+r) の n 乗\}$ となります。

　　（割引現在価値）＝（n 年後の金額）／$\{(1+r) の n 乗\}$　　（r は割引率）

図4-4　貯蓄の選択における予算制約線

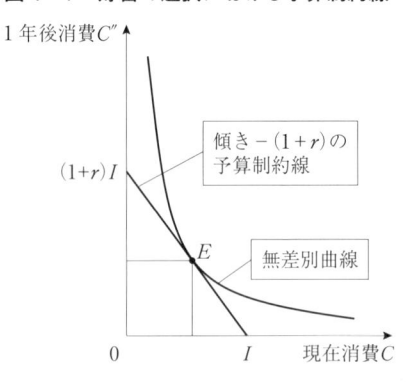

(3) 予算制約式の導出

では次に最適消費や労働時間の選択においても導いた予算制約式を作ってみましょう。現在の所得を I とし，この所得を現在と1年後に使い切るとします。現在の消費を C，1年後の消費を C'，利子率を r とすると，貯蓄は所得 I から現在の消費 C を引いた $(I-C)$ となり，1年後の消費，つまり貯蓄分の1年後の金額は $C'=(1+r)(I-C)$ となります。この式を次のように変形すると，やはり1年後の消費 C' は現在の消費 C の1次関数で定義されることとなります。

$$C' = (1+r)(I-C) = -(1+r)C + (1+r)I$$

(4) 貯蓄の選択における最適点

無差別曲線上では，右下に行くほど財2が減少し，財1が増加しました。そしてその交換割合に変化が見られました。貯蓄の選択においてもこれは同様です。

では効用と予算制約線をそれぞれ**図4-4**で見てみましょう。縦軸に1年後の消費 C'，横軸に現在の消費 C を取ったグラフを考えると，傾きが $-(1+r)$，縦軸の切片が $(1+r)I$ の予算制約線ができます。現在すべての所得を消費する場合が，横軸の切片で $C=I$ であり，現在の消費 C を0にして1年後の消費にすべてを回す場合は縦軸の切片の $C'=(1+r)I$ です。そしてやはり効用を最

図4-5 利子率上昇と代替効果　　図4-6 利子率上昇と所得効果

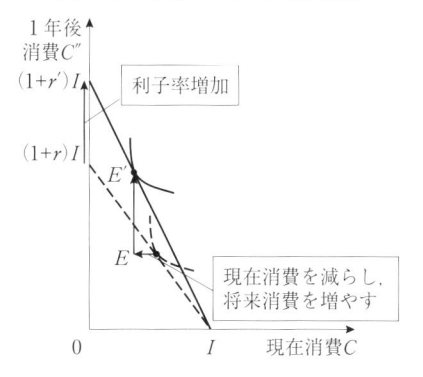

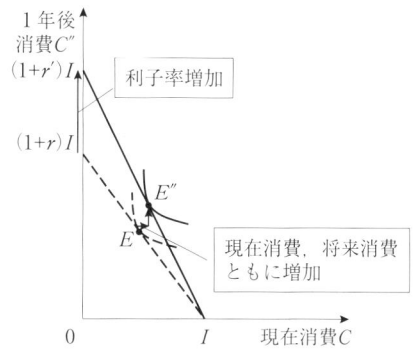

大化する点は、できる限り右上の無差別曲線を選びますから、**図4-4**の接点Eということになります。

(5) 貯蓄の選択における代替効果と所得効果

ではここで利子率がrからr'に上昇する場合を考えましょう。利子率が上昇するということは、貯蓄が多ければ多いほど利息が多くつきます。つまり現在消費を増加させると、その分失う将来消費の損失割合が大きくなります。これは機会費用の増加といえます。すると**図4-5**の点Eから点E'のように、現在消費をできる限り減らそうとする代替効果が働き、最適な点は左上へと移動します（現在消費の価値の変化が、貯蓄、すなわち将来消費に影響を与えている点が、代替効果のポイントです）。

一方で、利子率がrからr'に上がるということは、その利子率が増加した分だけ、全体として多く消費できるようになりますから、これは現在消費、将来消費をともに増加させます。よって**図4-6**の点Eから点E''のように、最適な点は右上へと移動します（将来消費そのものの増加による影響という点が、所得効果のポイントです）。

このように、2つの効果が合わさって、最終的に貯蓄の決定がなされます。

以上、この章では消費者行動理論を別の例に応用してみました。消費者行動理論の学習の最後として、**4-3**では周辺知識の補足をしておきます。

4-3 消費者行動（需要）に関する補足

(1) 効用の尺度

効用の尺度として，基数的効用（cardinal utility）と序数的効用（ordinal utility）があります。

効用の程度が同じか否かを判断できるということは，その効用を測る何らかの尺度があるということになります。個々人のそれぞれの効用を比較したり，足したりすることもできるかもしれないという考え方に基づく測定方法，効用が数値化できるとする考えに基づく測定方法を基数的効用といいます。

それに対し，効用それ自体は測定ができないが，その大小の順序をつけることは可能であるとする測定の方法を序数的効用といいます。

一般的には，「効用 a, b, c, d について $a>b$, $c>d$ であるならば，$a+c>b+d$ である」というような，序数的効用の考え方が用いられています。

(2) 総収入テスト

第2章で需要の価格弾力性について説明しました。価格弾力性が1より大きいか小さいかで，需要が価格に弾力的か否かが判断できると述べましたが，同様の考え方として，総収入テストと呼ばれるものがあります。

（総収入）＝（単価）×（販売個数）ですから，もし需要が弾力的な財であれば，価格が少し低下しただけでも，需要は大きく伸びることになり，結果として総収入は増加します。その一方で，需要が非弾力的な財であれば，価格が低下しても，需要は少ししか伸びず，結果として総収入は減少します。また価格を下げても，結果として総収入に変化がない場合（つまり価格と需要量が符号だけ異なり，絶対値としては同じ割合で変化する場合）を**単位弾力的**（unit elastic）といいます。

(3) 割引現在価値の考察

1年後の価値を現在の価値で比較するときに，利子率 $(1+r)$ で割りました。その理由はなぜでしょうか。

表 4-1　価格の低下と弾力性

価　格	総収入	価格弾力性
低　下	増　加	弾力的
低　下	変化なし	単位弾力的
低　下	減　少	非弾力的
上　昇	減　少	弾力的
上　昇	変化なし	単位弾力的
上　昇	増　加	非弾力的

　もう一度，1年後の所得を I' とし，そして現在の所得 I を加えた $(I+I')$ を現在と1年後に使い切るとします。現在の消費 C，1年後の消費 C'，利子率 r は変えないという条件を考えてみましょう。

　先の説明と同様に考えると，貯蓄は所得 I から現在の消費 C を引いた $(I-C)$ となり，1年後の消費 C' は貯蓄に利子率を加えた $(1+r)(I-C)$ と1年後の所得 I' の合計となります。変形すると，

$$C' = (1+r)(I-C) + I' \quad \cdots ①$$
$$(1+r)C + C' = (1+r)I + I' \quad \cdots ②$$

$(1+r) \neq 0$ より，②の両辺を $(1+r)$ で割ると，

$$C + \frac{1}{1+r}C' = I + \frac{1}{1+r}I' \quad \cdots ③$$

となります。$(1+r)$ で割ることの根拠，この式が意味するところが理解できるでしょうか。C'，I' ともに1年後の消費と所得ですが，それらは現在の価値と比較するなら，ともに $(1+r)$ で割り引かなければいけないということを，式で示しているわけです。

(4)　エンゲル係数

　消費支出に占める食料品の割合を**エンゲル係数**（Engel's coefficient）といいます。ドイツの社会統計学者，経済学者であるエルンスト・エンゲル

図4-7　労働供給曲線

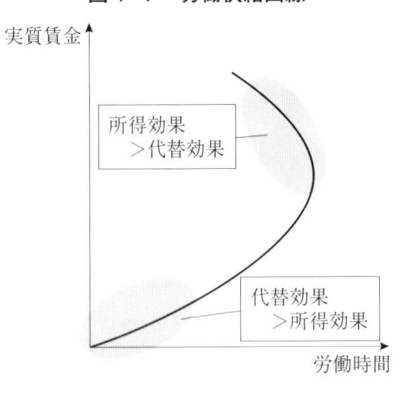

（ここに労働供給曲線の図：縦軸「実質賃金」、横軸「労働時間」、上部に「所得効果＞代替効果」、下部に「代替効果＞所得効果」のラベル付き後方屈折型曲線）

（Ernst Engel, 1821-1896）が提唱しました。エンゲルは，所得水準が低いほどエンゲル係数が高いとする，貧富の差とエンゲル係数の関係を指摘しています。

　所得水準が低いとエンゲル係数が高くなる理由は，実は需要の所得弾力性によります。食料品は生活必需品ですから，所得が増えた（減った）からといって，その増えた（減った）分以上には需要は増えません（減りません）。つまり必需品は所得弾力性が低い性質を考えると，所得水準が低い場合，消費支出に対する食料品の割合が高くなる傾向にあり，エンゲル係数が高いということです。

(5) 労働供給曲線

　4-1で余暇（労働供給時間を除いた時間）と賃金の関係について考察を行いましたが，労働時間を横軸に，賃金を縦軸に取って描かれるグラフを労働供給曲線といい，その形状が最初は右上がりでありながら，次第に左上がりへと屈折していくことから，特に**後方屈折型労働供給曲線**（backward bending labor supply curve）といわれます。

　後方屈折型の形状になる理由は次の通りです。賃金（実質賃金）が低く，労働供給も少ない状態では，非労働時間（余暇）に対する評価が低くなります。よって賃金の上昇により，非労働時間（余暇）に対する評価が増加した場合，

労働時間を増やそうとする代替効果が所得効果を上回ります。

その一方で，賃金が高く，労働供給も多い状態では，非労働時間（余暇）に対する評価が高くなるため，賃金の上昇による代替効果はあまり働かず，むしろ非労働時間（余暇）を増やす所得効果のほうが代替効果より大きくなります。

4-4 課題

この章では，第3章までで学んだ消費者行動理論をその他の事象に応用できることを説明しました。ある2財について，ヒトが必ずそのどちらかを選択（消費）し（予算制約線を描け），またそれらについて選好を持っていれば（無差別曲線を描ければ），このような応用が可能です。

労働供給，貯蓄の選択といった具体的な事例を学ぶだけでなく，これから皆さんが生活する中のその他の事象においても，この消費者理論を応用できるようにしていただければ幸いです。

では今回の課題に取り組みましょう。

【課　題】
1. 消費者が今期と来期の所得を，この2期に分けて消費を行うとき，利子率の上昇と，消費者の貯蓄の増減の関係について，所得効果と代替効果に絡めて，簡潔に説明しなさい。
2. Aさんの今期の収入を1,000，1年後の収入を580とする。この2期の収入を現在と1年後に使い切るとする。また現在の消費をC，1年後の消費をC'，利子率を10%とし，物価に変動はないものとする。
   (1) CとC'の関係式（予算制約線）を作りなさい。
   (2) Aさんが持つ効用を示した無差別曲線の1つと(1)の予算制約線が図のように$C'=C$上で接しているとき，Aさんの効用を最大化する今期の消費金額を求めよ。

【解　答】
1. 利子率の上昇に伴う代替効果が所得効果より大きい場合は貯蓄は増加し，代替効果が所得効果より小さい場合は貯蓄は減少する。
2. (1)　$C' = 1,680 - 1.1C$　$(0 \leq C \leq 1,000)$　　(2)　800

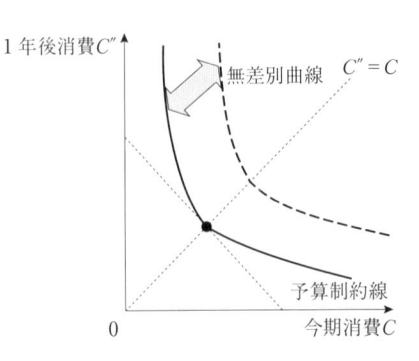

【解　説】
1. 代替効果は現在消費を抑え貯蓄を増加させます。所得効果は貯蓄を減少させます。図4-5，図4-6を参照のこと。
2. (1) 貯蓄は今期の収入1,000から今期の消費 C を引いた $(1,000-C)$ となり，1年後には利子を含め $(1+0.1)(1,000-C)$ となります。1年後の消費 C' は1年後の収入580とあわせ，$C' = 1.1(1,000-C) + 580 = 1,680 - 1.1C$ …①。

    ただし，今期収入は1,000のため，C の範囲は $0 \leq C \leq 1,000$　…③。
(2) Aさんの効用を最大化するのは無差別曲線と予算制約線の接点である。題意より，この条件を満たしているのが $C' = C$ …②上であることから，①，②を解いて，$C = 800$。これは③を満たす。

第5章　企業行動——企業の行動と生産関数

経済と自然との違いは保存則の有無である。
経済におけるヒトの労働は新たなサービスや
価値を創出する。

5-1　企業の行動と目的

(1) 企業の活動について

　企業の活動といっても，私たち消費者から見える部分と見えない部分が存在します。見える部分の例としては，生産したものを企業が販売する販売活動があります。この部分は消費者行動における需要に対し，供給という側面を持ちます。また消費者が直接目にはしませんが，イメージできるものとして，「消費者の消費」に対する生産活動があります。さらに企業内部の活動として，生産するための設備投資や原材料の調達のため，その他の様々な支出に対する資金調達，労務管理や意思決定など，多くの活動を行っています。
　そのような企業の様々な活動の中で，特に生産と供給について，ミクロ経済学では企業行動の領域で分析を行います。

●本章のポイント
　第4章までは消費者の行動について説明をしてきました。消費者の行動とは，需要であり消費ですが，それらとは反対側に位置するのが企業の行動，すなわち供給であり生産です。
　この章からは，企業の行動に焦点を当てた経済学を学んでいきましょう。

図 5-1　企業行動と消費者

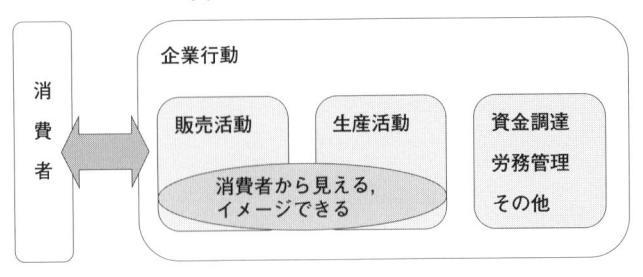

[図：消費者 ⇔ 企業行動（販売活動・生産活動（消費者から見える，イメージできる），資金調達・労務管理・その他）]

(2) 生産と供給

(1)で消費者に対し，企業からの供給という表現を用いました。しかし供給というのは企業に限りません。私たちも供給者となる場合があります。第4章で労働供給の話をした通り，私たちが働いていることは，労働力を供給していることになります。さらに金融では，お金が余っている個人などがお金を必要としている企業などにお金を融通することから，預金をする立場の人はお金の供給をしていることになります。

また農業や林業，水産業といった産業においては，企業という形態を取っていなくとも，農作物などの生産物を生産すると同時に販売もしますから供給に当たります。生産物自体が複雑になったり，流通経路が増えるにつれ，生産者と供給者は区別される傾向にあるといえるでしょう。

(3) 短期と長期

ここから企業の行動を説明するにあたって，**短期**（short run）と**長期**（long run）という言葉を説明します。

例として，あなたが工場でジーンズを生産していると考えてください。ジーンズを生産するには，工場用地を取得し，工場を建て，生産する各種の設備を導入します。またそのための労働力として人を雇用します。そして材料である生地などを仕入れます。このように生産に当たって投入される生産要素（原材料や労働，資本）を**投入物**（input）といい，そこから生産される財を**産出物**（output）といいます。またそれぞれの量を，投入量，産出量といいます。

さて，売上が順調に伸びてくると，あなたはどのような行動を取るでしょうか。もちろんその需要に対応するために供給を増やすでしょう。そのためには生地を多めに仕入れたり，パートを増やして労働力を確保します。

さらに売上が伸びるとどうでしょうか。生地は多く仕入れられるかもしれません。またパートも集まるでしょう。しかしパートを管理する正社員の採用となると，すぐにはできないかもしれません。また最初に用意した工場の増床，増加や，設備の導入にも時間がかかります。

この例のように，一定の期間では変えられない投入物が存在する期間を**短期**といい，すべての投入物の調整が可能な期間を**長期**といいます。ただしこの短期と長期に何カ月や何年という決まりはなく，それは個々の企業や産業により異なります。雇用調整は難しいとはいえ，一般的には労働のほうが資本より調整がしやすいと考えられます。

(4) 投入物

(3)で投入物について説明をしましたが，「原材料」と「労働・資本」ではその性格が異なります。原材料は生産を行う中で使い切られますので，**中間投入物**といわれます。広義ではエネルギーも原材料と考えます。その一方で，労働と資本はそれ自体が使われるのではなく，それらが生み出すものを用いることから，こちらは**生産要素**（factors of production）といいます。労働や資本は新たな価値である**付加価値**（value add）を生み出しているといえます。

この **5-1** の内容をもとに，**5-2** では生産関数について説明します。

5-2 生産関数

(1) 労働投入量と産出量の関係（1変数の場合）

効率性を考えた上で，投入量と産出量との技術的な関係を示したものを**生産関数**（production function），そのグラフを**総生産曲線**（total product curve）といいます。労働 L や資本 C を投入量とした場合，その産出量 Y は，

図 5-2　総生産曲線

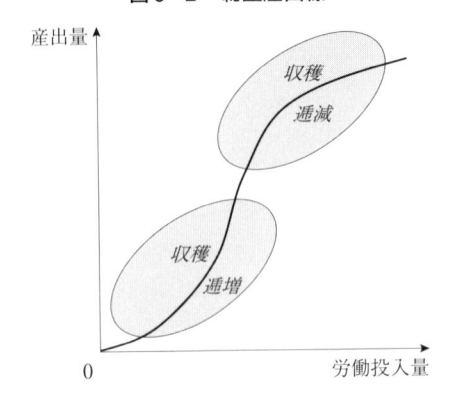

$$Y = f(L, C)$$

と表すことができ、資本 C は基本的にはすぐに変化しませんから、短期では一定である（固定されている）と見ると、

$$Y = f(L)$$

となります。労働投入量から得られる最大の生産をすることを前提としてこの関係を考えた場合、**図 5-2** のような関係になります。

投入量を 1 単位増やしたときに増える産出量を**限界生産物**（MPL, marginal product of labor）といいます。資本 C が一定のもと、労働投入量を増やしていくと、総生産曲線は、最初は投入量の増加に伴い限界生産物も増える収穫逓増（下に凸のグラフ）になりますが、投入量が多くなると収穫逓減（上に凸のグラフ）になります。

(2) 特化の利益と固定的生産要素

では、なぜ総生産曲線は S 字型になるのでしょうか。収穫逓増の段階では、規模を拡大するにつれて、1 人がすべての工程を行うのではなく、それぞれの工程に人を配置し、仕事を専門化させ、また仕事の分断による単純化により機械を導入することで、絶え間なく生産をするという方法を取ることが一因といえます。1 人がすべての工程を行うためには、各生産工程で仕事を変えることによる無駄な時間が発生します。また 2 人以上の人がいれば、得意、不得意に合わせ、各生産工程に配備することも可能です。これを**特化の利益**が働くといいます。

しかし労働投入量が増えるにつれ、収穫逓減に変わるのはなぜでしょうか。それは設備などの他の生産要素に関係します。機械設備を用いる工程において、その設備の数に限界が出ると、そこで生産が滞ります。また工場敷地の限界に

図5-3 限界産出量と収穫逓増，収穫逓減

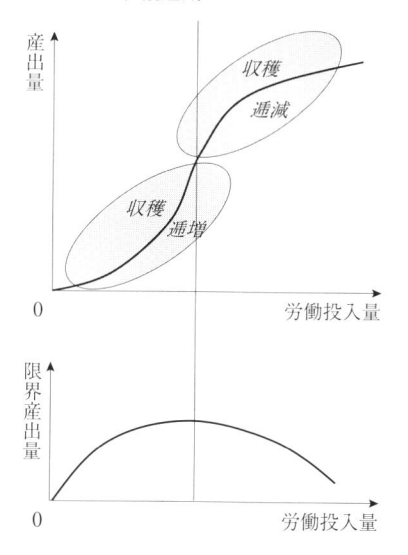

図5-4 総生産曲線——資本投入量が異なる場合

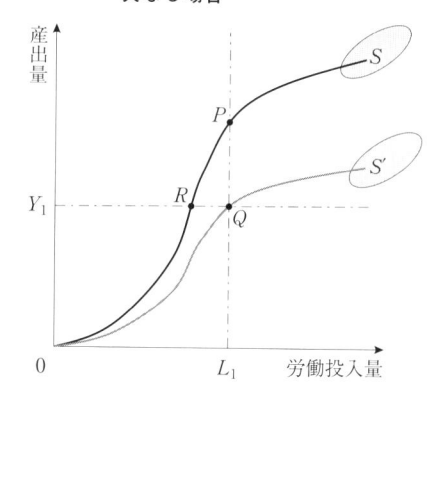

よる，労働者の混雑が仕事の能率を下げてしまう可能性もあります。このように固定的な生産要素が原因で，労働1単位の投入による追加の産出量（限界産出量）が減少するものと考えられます。

図5-3に限界産出量と総生産曲線の関係を図示しましたので，確認してください。労働1単位の増加により追加的に増える生産量が増加している間は収穫逓増であり，一方で労働1単位の増加により追加的に増える生産量が減少に転じると収穫逓減になることが理解できるでしょう。

(3) 労働投入量と資本投入量の関係（2変数の場合）

図5-4は，資本Lが異なる場合，同じ労働投入量L_1でもP点とQ点という具合に，産出量が異なる例を示しています。つまり総生産曲線Sのほうが，総生産曲線S'より，資本投入量が多いため，産出量もSよりS'のほうが多くなるということです。

逆に，産出量をY_1で一定に保とうとすると，R点とQ点という具合に，総生産曲線Sから総生産曲線S'に資本投入量を減らした分，労働投入量を増や

第5章　企業行動——企業の行動と生産関数　　59

表5-1　労働と資本の投入の組合せによる産出量の数値例

資本＼労働	労働投入量				
	1	2	3	4	5
資本投入量 1	20	30	35	38	39
2	30	40	46	50	52
3	35	46	55	61	63
4	38	50	61	64	65
5	39	52	63	65	66

図5-5　労働と資本の投入の組合せによる産出量の等量曲線

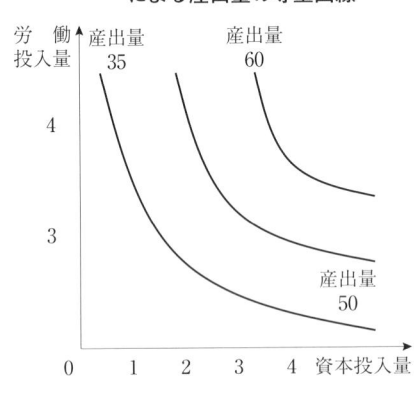

さねばならないことを示しています。このことから企業は労働投入量と資本投入量の組合せを考えなければいけません。

　例えば表5-1・図5-5のような関係をイメージすることができます。労働投入量と資本投入量の関係は，消費者行動で学んだ効用関数と似ています。効用関数では，一定の効用を保とうとすれば財1を減らした分，財2を増やすという，限界代替率を考えました。生産関数における労働投入量と資本投入量の組合せも，一定の産出量を保とうとすれば，限界代替率を考えることになります。

　そして一方の生産要素のみを投入し続けると，限界生産は次第に低下する限

図 5-6 生産関数の立体グラフ化

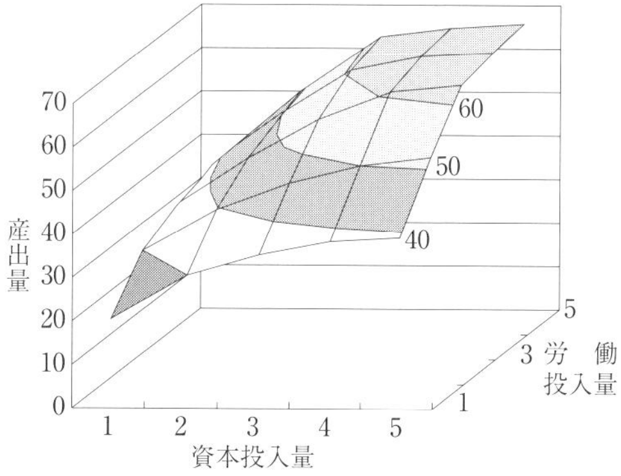

界生産逓減の法則が働きます。また効用関数でいう無差別曲線を，生産関数では無差別曲線という言葉以外に，**等（生産）量曲線**（isoquant curve）と呼ぶこともあります。

図 5-5 に産出量を加えると図 5-6 の生産関数の立体的なグラフが完成します。このように労働と資本の組合せにより，その産出量が変化することがわかります。

5-3　等量曲線の考察

(1) 無差別曲線と等量曲線

等量曲線の特徴は，図 5-5 のように，限界生産逓減の法則から，原点に向かって凸であり，右下がりのグラフになっています。また投入される 2 つの生産要素が増加すれば産出量が増えることから，等量曲線同士は交わることはなく，右上にいくほどその産出量は大きくなります。

このような性質から，効用関数（無差別曲線）と生産関数（等量曲線）はとても似ていますが，大きな違いは効用関数の数値は量的な目安がなくても説明ができるのに対し（序数的），生産関数ではその数字がどの程度の大きさで増減するか（基数的）ということが企業の戦略には重要になるという点です。

図5-7 等量曲線の幅

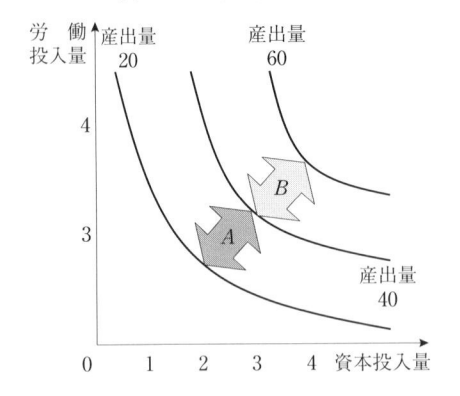

(2) 等量曲線の幅

基数的であることの意味をもう少し詳しく説明します。図5-7のように，産出量が20, 40, 60の3本の等量曲線を考えます。2つの等量曲線の幅が同じ（$A=B$）ということは，投入量を増やしても収穫の増分の割合が一定であることを表し，右上にいくほど幅が広い（$A<B$）ということは収穫量を同じだけ増やそうとしても，投入量をより多くしなければならないことを示すことから，生産性が低下していることを意味します。

5-4 課　題

　この章から，消費者行動から企業行動へとテーマが変わりました。しかし企業行動も基本的には消費者行動で学んだ内容が基本になっていることに気づかれたと思います。ミクロ経済学の基礎は，いくつかの基本的な考え方を押さえてしまえば，あとはそれを置き換えて多くのテーマで使えるものです。第4章までの理解が不十分だと心配な方も，最後まで読み進めれば，前の章の内容もすんなり理解できるものですから，ここからも頑張っていきましょう。

　では今回の課題です。

【課　題】
1. ミクロ経済学における「短期（short run）」と「長期（long run）」の違いについて60字以内で説明しなさい。
2. 下の生産関数のグラフに対応する，限界産出量を示したグラフを選びなさい。
3. 資本投入量と労働供給量，産出量の関係を示した等量曲線について述べた

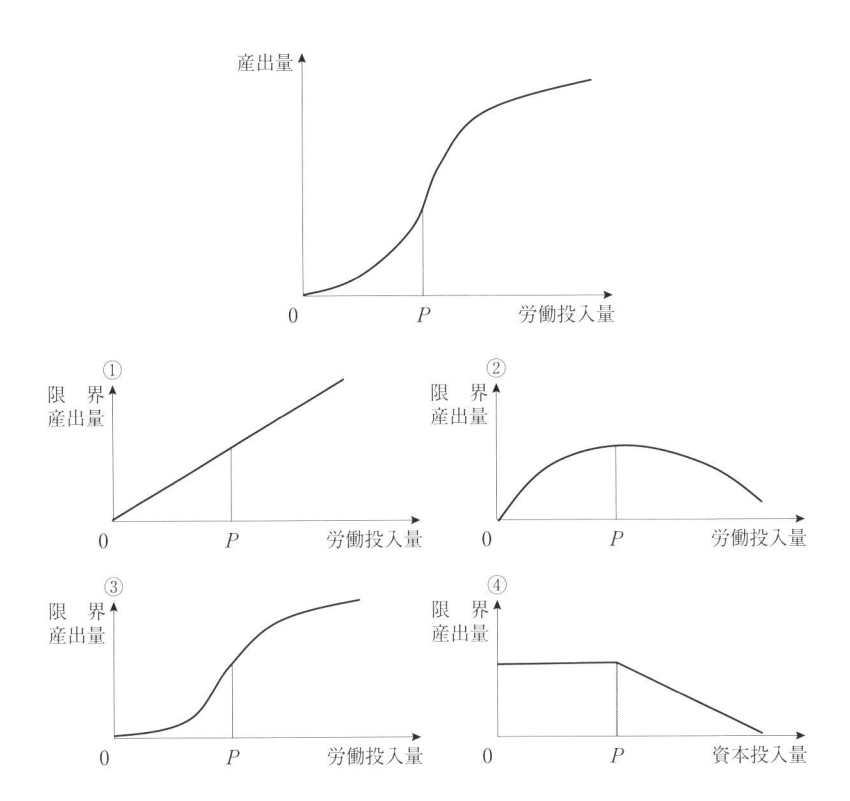

次の文のうち，正しいものをすべて選びなさい。
① 生産関数の等量曲線と効用関数の無差別曲線の共通点は，グラフが原点に対し凸であること，2つの曲線が交わらないこと，数値が基数的であることなどが挙げられる。
② 産出量が10，20，30の3本の等量曲線 A, B, C が原点側から右上へと順に並んでいる状態において，AB 間のほうが BC 間より幅が大きい場合，少なくとも産出量が30に達するまでは，規模の拡大による生産効率性が高いといえる。
③ 等量曲線の数値は序数的なので，等量曲線間の幅と投入物を増やしたことによる生産効率性については議論できない。
④ 等量曲線では，原点から右上へと離れれば離れるほど，産出量が多いと

いえる。
4. ある企業の労働投入量と限界産出量がグラフのように示されるとき，生産関数について記述した次の①から④の文章のうちから正しい記述を選択せよ。

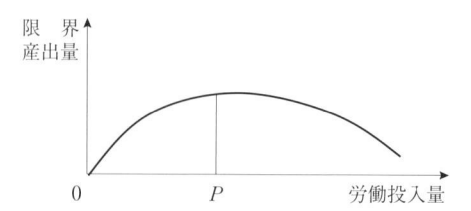

限界産出量

0　　　P　　　労働投入量

① 生産関数のグラフは P 点を境に増加から減少に転じる。
② 生産関数のグラフの接線の傾きは，P 点までは正で P 点からは負に転じる。
③ 生産関数は，P 点までは収穫逓減で P 点からは収穫逓増になる。
④ 生産関数のグラフの接線の傾きは，P 点までは増加し P 点からは減少に転じる。

【解　答】
1. 一定の期間では変えられない投入物が存在する期間を短期といい，すべての投入物の調整が可能な期間を長期という。(53文字)
2. ②
3. ②，④
4. ④

【解　説】
1. 原材料，パート，正社員，設備，土地など，投入物により常に可変的なものと，そうでないものが存在する。この短期と長期に何カ月や何年という決まりはなく，それは個々の企業や産業により異なる点についても，注意すること。
2. 限界産出量は労働一単位の増加に対する，追加の産出量の増分を示す。労働投入量の増加に伴い，限界産出量が増加しているときは，生産関数は下に

凸（収穫逓増）であり，限界産出量が減少するときは，生産関数は上に凸（収穫逓減）である。特に，労働投入量と限界産出量の関係が形成される要因について，今一度，本文を確認すること。

なお，資本投入量との関係は，与えられたグラフからはわからない。

3. ①効用関数における無差別曲線は必ずしも基数的であるとは限らず，序数的な場合もある。②産出量の差が同じ等量曲線間において，その幅が広いということは，その分，多くの投入量が必要であることを意味している。よってこの場合は，投入量が多くなるにつれ，その幅が小さくなっていることから，規模の拡大による生産効率性が高まっていることを意味している。③序数的であれば確かに生産効率性については議論できないが，等量曲線は基本的に基数的である。④等量曲線が右上へいけばいくほど，投入物が増えているので，産出量が多くなるといえる。

4. 2.の逆パターンの問題である。限界産出量は，労働をもう1単位増やしたときの産出量の増加分であるから，生産関数のグラフは2.の問題文と同じ。

第6章　企業行動——供給曲線の意味と考察

売る側は買う側の心理を考えて，販売活動を行う。しかし買う側は売る側の意図を汲み取る必要がない。ここが対等な関係にあるトレードと売買の大きな違いである。

6-1　供給曲線の連続性と意味

(1)　供給曲線の連続性

　一般的に供給（supply）では，市場で取引される価格が上がれば，多くの財が生産されると考えます。そして需要曲線と同じように，ある市場価格において生産される数量をプロットしたすべての点を結んで線にすれば，供給曲線になります。

　第2章では，ある雑貨店の1日のお香の売上について消費者の心理に立って考察しました。ここでは生産者の立場で考えましょう。**図6-1**を見てください。この供給曲線がある財の市場全体ではなく，あるお店の供給曲線としまし

●本章のポイント

　すでに皆さんは需要曲線の基礎について学びました。この章では，消費者行動を表す需要曲線と対になる，企業（供給者）行動を表す供給曲線について学びます。需要と供給の関係は左右上下が反対となる点対称ではなく，左右か上下の一方は反対でもう一方は同じである線対称と例えることができます。反対なのは売買に対する見方です。共通なのは学ぶ際の考え方です。需要と供給で反対になる要素と，共通の考え方の2点について，整理をしながら進めていってください。

図6-1　ある雑貨店におけるお香の供給曲線

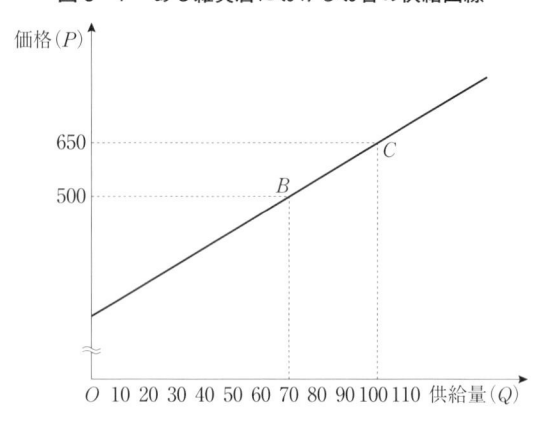

ょう。縦軸が価格，横軸が供給量を示しますから，(価格)×(供給)，すなわち(縦の目盛り)×(横の目盛り)で売上を示すのは需要曲線と同じです。しかし，需要曲線との大きな違いは，需要曲線の場合は価格が下がれば販売個数は増え，価格が上がれば販売個数は減るので，その積，つまり売上はどちらが高いとはいい切れませんでしたが，供給曲線では，B点よりC点のほうが明らかに売上も大きくなり，当然利益も大きくなるとわかることです。

(2) 供給曲線が右上がりであることの考察

　図6-1のB点ではお香が500円で売れるならば，このお店では70個まで販売してもいいと考えているということになります。650円で売れるならば，102個販売してもいいと考えています。

　ここで皆さんは不思議に思いませんか。500円で売るにせよ，650円で売るにせよ，その価格が原価を下回っていない限りにおいて，その値段で売れるのであるならば，多く売れれば売るほどその分売上が増え，利益も増加します。ですから70個や102個ではなく，お店は上限を決めずに売るものではないでしょうか。つまり供給曲線は右上がりなのではなく，ある価格までは供給量は極端に少なく，ある価格を超えた瞬間に材料を仕入れられるだけ仕入れお香を生産して売る図6-2のようなグラフになるのではないでしょうか。供給曲線が，

図6-2 原価を500円程度とすればこのような供給曲線にならないのはなぜか

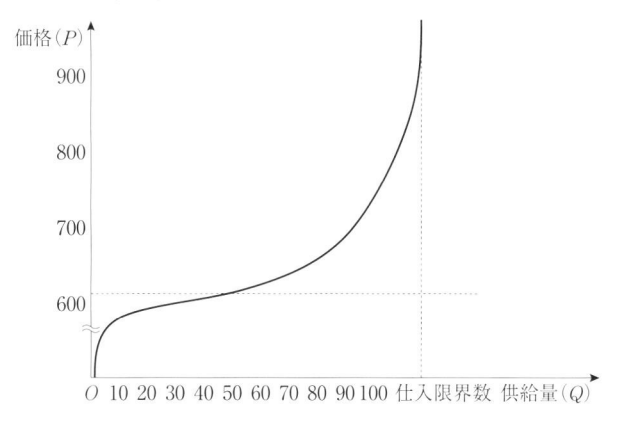

図6-2ではなく図6-1になる理由を考えてみてください。実はこの答えをすでに皆さんは学習しています。

「限界」という言葉が思い浮かんだでしょうか。需要曲線ですでに「限界効用」という言葉を学んでいます。この言葉を生産者や供給者の立場に当てはめてみてください。それは追加でもう1単位の生産を行うための費用である**限界費用**（Marginal Cost）という言葉で表されます。

ミクロ経済学では，限界効用が徐々に減っていくのとは逆に，限界費用は徐々に増えていくと考えます。つまりお香を70単位生産した次の71単位目の生産費用よりも72単位目の生産費用のほうが高いと考えます。この生産効率が規模の拡大につれて徐々に落ちていくというのはイメージが難しいですが，例えばより多くの生産を行うためにはその工場用地も大きなものが必要です。大きな工場用地の取得は，小さな用地の取得より難しいものです。またこのような例も挙げられます。70単位の生産を行うのに，従業員が7人必要だとします。もしあなたが経営者だったとして，この7人に効率性の優劣があるとすれば，あなたは効率的に仕事をこなす優秀な従業員を優先的に配置するでしょう（少なくとも経済学では，効率性を優先的に考えます。そこが現実との違いでもあります）。すると規模の拡大につれて，徐々に作業効率は落ちていきます。

第6章　企業行動——供給曲線の意味と考察　69

図 6-3 お香の限界費用の変化

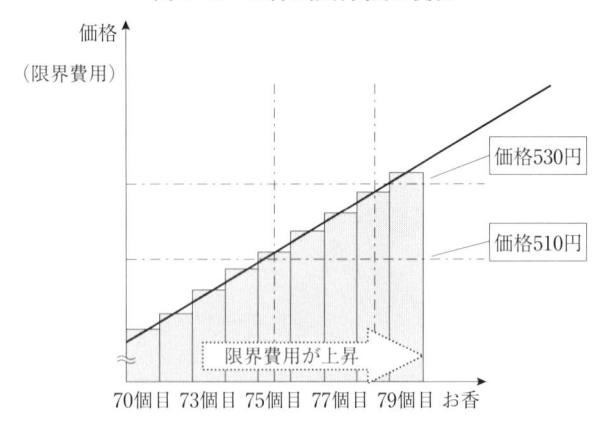

価格
(限界費用)

価格530円
価格510円

限界費用が上昇

70個目 73個目 75個目 77個目 79個目 お香

　図6-3では71個目以降のお香の生産についてその限界費用を例に出しました。棒グラフを見ると74個目を生産する限界費用は510円を下回り，75個目を生産する限界費用は510円を上回っています。追加で商品を1つ生産するときの収入を限界収入といいます。また追加で商品を1つ生産するときの利益を限界利益といいます。つまり**（限界利益）＝（限界収入）−（限界費用）**となるわけですが，価格が510円であればこの限界利益は74個目まではプラスになりますから，510円の価格で売れるとすればこのお店は74個目まで生産して売ろうと考えます。また売れる値段が530円では，同じくこのグラフから78個生産をして売ろうと考えるでしょう。
　このような理由から供給曲線は右上がりになると考えられます。

6-2 「供給量の変化」と「供給の変化」

(1) 供給曲線のグラフに見る「供給量の変化」と「供給の変化」

　「供給量の変化」と「供給の変化」についても，需要曲線と同様に考えます。供給曲線においても，1つの供給曲線上で点が移動する「供給量の変化」と，供給曲線そのものが左右（価格の変化と考える場合は上下）に移動する「供給の変化」が考えられます。

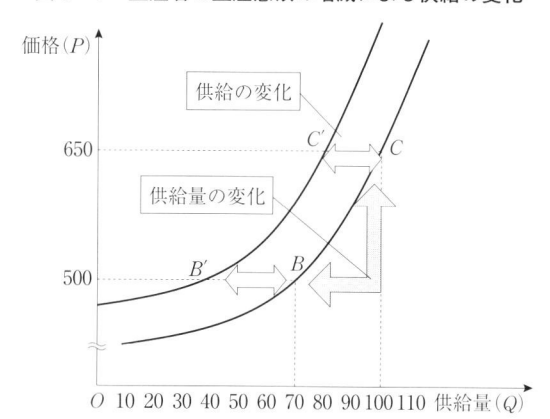

図6-4　生産者の生産意欲の増減による供給の変化

(2) 供給を変化させる原因

「供給量の変化」では、生産者が売ることのできる価格、つまり市場価格が変われば供給量も同一供給曲線上で変化します。では「供給の変化」が起こるのはどのような場合でしょうか。供給の変化とは、供給曲線そのものがシフトすることを指します。

その原因の1つは人件費や材料費によるものが考えられます。人件費や材料費などが下がると、企業の利益は増大します。すると市場価格に変化がなくても供給意欲は増しますから（供給個数は増えますから）、供給曲線は右にシフトするでしょう。一方で生産に必要な要素の価格が上昇すれば、その逆で、供給曲線は左にシフトすると考えられます。

このように企業の利益に注目すると、その他の要因で利益が上がれば供給曲線は右に、利益が下がれば左にシフトすると考えられます。例えば、ガソリンなどのように税金がかかるものを想定します。税金の割合が増え、そのまま販売価格上乗せを行うことが難しい場合、企業の利益にマイナスの影響が出ます。一方で景気対策等の暫定税率引き下げなどで税率分以上に価格を下げることがなければその逆になるかもしれません。この他、輸出入企業であれば外国為替の変化が、また研究開発型の企業であればイノベーションによりコストダウンが図れるなどの可能性も考えられます。農業の場合は天候の変化も影響します。

第6章　企業行動——供給曲線の意味と考察　71

このように「需要の変化」と同様に，「供給の変化」においても，様々な要因を考えることができます。

6-3 生産者余剰と利益の極大化

(1) 生産者余剰の意味

図6-3では，あるお店における限界費用を示しました。またこの限界費用により供給曲線が説明できることを述べました。つまり限界費用を示す曲線と供給曲線は同じ意味を持つといえます。そして需要曲線と同様に，個々の供給者の供給曲線を足し合わせたものが市場全体の供給曲線となります。

図6-5を市場全体の供給曲線としましょう。すると消費者余剰と同様に，市場全体の生産者余剰を考えることができます。

市場価格がpのとき，限界収入は追加で1つの商品を販売するときの収入になりますから，これは常にpといえます。つまり図6-5における価格pの横に伸びた直線が限界収入に相当します。限界費用の曲線，いい換えれば供給曲線は右上がりの曲線です。すると追加で商品を1つ生産するときの利益，つまり（限界利益）＝（限界収入）－（限界費用）でしたから，生産者余剰はこれらの合計ということになります。

つまり市場全体がQ_1まで供給すれば，価格pの直線と限界費用の曲線，および縦軸とQ_1からの縦線で囲まれる領域Aが生産者余剰になります。Q_2まで供給した場合は生産者余剰を最大化していると考えられA＋Bとなります。

(2) 利益の最大化

それではここで総収入，総費用，生産者余剰，限界費用の関係を把握しましょう。総収入とは限界収入の和のことで，（総収入）＝（価格p）×（供給量）を指します。総費用とは供給量までのそれぞれの限界費用の和のことです。図6-5の領域で確認した通り，

（生産者余剰）＝（総収入）－（総費用）

図6-5　市場全体の限界費用

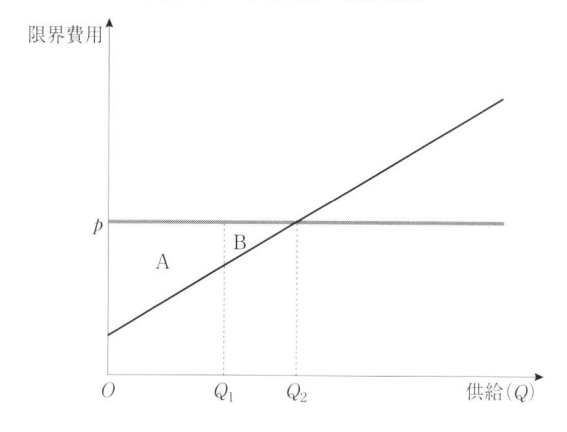

図6-6　総収入，総費用，生産者余剰，限界費用の関係

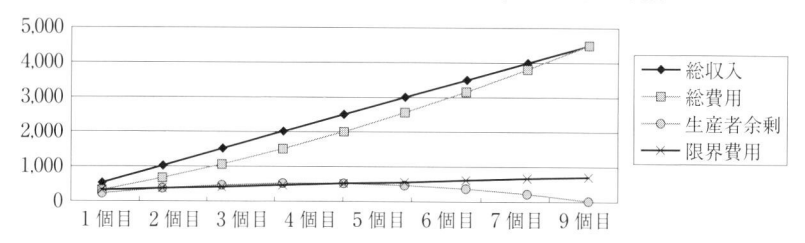

となりますから，**図6-6**のような関係が理解できます。

なお，経済学では生産者はやはり合理的に行動するものと考えます。生産者が実際に自らの利潤を最大化しようとすることを，**利潤最大化行動**といいます。またこのように生産者である企業が利潤最大化行動を取るとする考え方を**利潤最大化仮説**といいます。これは第3章で学んだ消費者行動における効用最大化仮説に対応する言葉です。

図6-6のように総収入，総費用，生産者余剰，限界費用の関係をまとめました。1つ500円という市場価格が決まっているものに対し，5個目の限界費用を500円と設定しました。すると5個目を境に生産者余剰は増加から減少に転じていることが理解できるでしょう。

6-4 課　題

　今回は供給曲線について学びました。新しいことでありながら，実は復習的に感じた方も多いのではないでしょうか。需要曲線と供給曲線は，消費者側から見るか供給者側から見るかの違いだけであり，考え方は同じものです。またミクロ経済学の基本は，よく似た考え方をするものが多く，最初に数式やグラフが出てきたりして少し戸惑うだけで，実はその戸惑いを超えれば，かなり容易なものです（ただし，本格的にミクロ経済学を研究として学べば，奥の深い学問です）。

　では今回の課題に取り組みましょう。

【課　題】

1. 「供給量の変化」ではなく，「供給の変化」を起こす要因として，次の中から最も不適切なものを選びなさい。
   ① その商品の市場価格が徐々に上昇してきた。
   ② その商品に対し，政府による暫定的な税率の引き上げが行われることになった。
   ③ その商品が農作物であり，今年は豊作だった。
   ④ その商品を生産するための原材料の価格が高騰した。

2. 供給曲線が右にシフトすると考えられる事象を①～④より選択せよ。
   ① ニュースで該当の財に関する健康効果が流れた。
   ② 該当の財に対する税率が上昇した。
   ③ 研究開発に成功し，生産にかかるコストが減少した。
   ④ 個人の所得が増加した。
   ⑤ セールで価格が下がったので，いつもより多く購入した。

3. いま市場価格が800円で定められている商品がある。この商品 x 個目の生

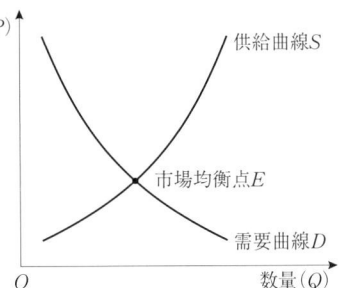

産に対し，ある企業ではその限界費用 y が $y = 20x + 400$ で導かれるという。
(1) この企業において利益合計を最大とする商品の生産個数を求めなさい。
(2) 利益合計が最大となるときの，その額を求めなさい。

【解　　答】

1. ①
2. ③
3. (1) 19個または20個　　(2) 3,800円

【解　　説】

1. ①は「供給量の変化」，それ以外は「供給の変化」に該当する要因である。詳細は本章 **6 - 2** を参照のこと。
2. ①，④は需要曲線のシフトに関するものである。⑤は需要量の変化に関するものである。②は供給曲線が左にシフトする。
3. (1) 限界費用の言葉の意味を理解していれば容易に解ける。企業の利益が最大にするには，商品を追加で生産するに当たり，赤字とならない個数まで生産をし続ければよいということである。つまり，$20x + 400 \leq 800$ を満たす範囲までは生産を行う。これを解いて，$x \leq 20$。ただし20個目の生産では，利益を生まない（0である）ため，19個目で生産をやめても，利益の最大値は変わらない。

(2) n個生産までの総費用を産出する式は，$\Sigma(20x + 400) = 20\Sigma x + 400n = 10n(n+1) + 400n = 10n^2 + 410n$。よって20個までの総費用は $n = 20$ を代入し 12,200（円），また20個までの総収入は，$800 \times 20 = 16,000$（円）。よって利益合計は，$16,000 - 12,200 = 3,800$（円）。

なお，数列等を用いない場合，以下のような簡易な表で求めることになる。

	1個目	2個目	…	18個目	19個目	20個目	21個目
総収入	800	1,600	…	14,400	15,200	16,000	16,800
限界費用	420	440	…	760	780	800	820
総費用	420	860	…	10,620	11,400	12,200	13,020
利益合計	380	740	…	3,780	**3,800**	**3,800**	3,780

第7章　企業行動——費用曲線と企業の目的

企業は人と同じように様々な形態があり，その目的を総括的に定めることはできない。しかし確実なことは，どのような形態であれ，経営者の意思により企業の目的は決定される。

7-1　費用の種類とそのグラフ

(1) 短期における費用曲線

　企業が生産活動を行うに当たり，様々な費用が発生します。第5章で短期と長期の違いについて触れましたが，一部の生産要素のみの投入量を変化させることが可能な短期において，その投入量の変化が可能なものを**可変的生産要素**といいます。この費用を**可変費用**（Variable Cost）といいます。第6章で学んだ限界費用について確認をしておくと，限界費用は追加で1単位の生産量を増やしたときの費用ですから，費用の分類としては可変費用に当たります。

　またすべての生産要素の投入量を変化させることができる長期でしかその投

●本章のポイント

　この章では，費用曲線の考え方，供給曲線における価格弾力性，そして企業行動の締めくくりとして企業の目的について考察を行います。企業の生産活動における限界曲線と平均費用の考え方を学ぶことで，費用に対する数値的な考察のアプローチの基礎を学びます。また供給にも価格弾力性が存在しますが，需要との違いについても気に留めてください。最後に企業の目的について，種々の仮説があること，また企業の形態により若干考え方が異なることを説明いたします。

図7-1　短期総費用曲線

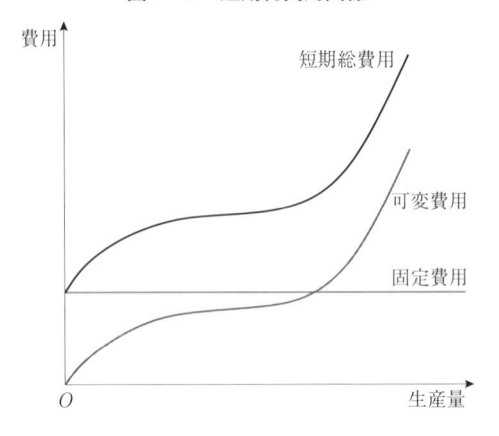

入量を変化させることができないもの（つまり短期では変化させることができないもの）を**固定的生産要素**といいます。この費用を**固定費用**（Fixed Cost）といいます。

ここではすべての生産要素の投入量を変化させることができない短期について考えてみましょう。短期では，総費用（Total Cost）は可変費用と固定費用に分かれますから，

　　短期総費用（Short Run Total Cost）＝可変費用＋固定費用

となります。ここで，固定費用は不変ですから横軸に水平な直線になります。一方，可変費用は一般的に逆S字型を描きます。これらを図示すると**図7-1**のようになります。

(2) 限界費用と平均費用の関係

第6章にて，限界費用について触れました。短期では，固定費用は一定ですので，限界費用は可変費用の増加分，そして総費用の増加分ということになります。一方，平均費用（Average Cost）という考え方があります。こちらはその言葉の通り，費用の平均を指します。この平均費用と限界費用の関係を確認しましょう。

表7-1の例で確認すべきことは，平均可変費用と限界費用の大小により，平均可変費用の増減が変化するということです。生産単位が増加する過程において，平均可変費用が限界費用を上回っている間は平均可変費用は減少し，平均可変費用が限界費用を下回ると平均可変費用は増加に転じるということがわかります。表7-1の例では，平均可変費用と限界費用の大小は4単位目の生

表7-1　ある製品の費用の例

生産量	固定費用	可変費用	総費用	限界費用	平均可変費用	平均総費用
0単位	5	0	5	***	***	***
1単位	5	3	8	3	3	8
2単位	5	4	9	1	2	4.5
3単位	5	5.5	10.5	1.5	1.83	3.5
4単位	5	8	13	2.5	2	3.25
5単位	5	13	18	4	2.6	3.6
6単位	5	19	24	6	3.17	4

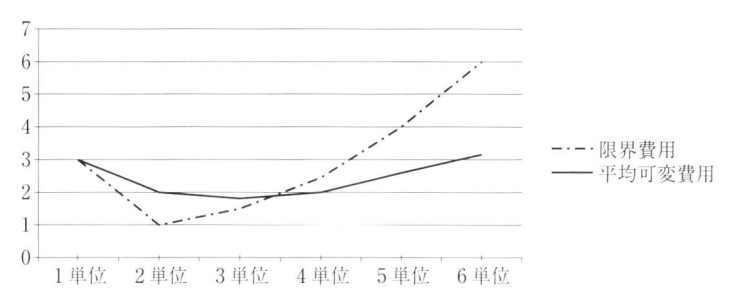

図7-2　平均可変費用と限界費用の関係

産の時点で入れ替わりますが，確かに平均可変費用が3単位目を最小として，4単位目から増加に転じています。

　このことは固定費用も加味した平均総費用にも影響を与えます。平均固定費用は徐々に減少していくため，固定費用が総費用に占める割合や生産数により差は出ますが，**図7-3**のように，平均総費用についても，およそ上記の境目に近いところで減少から増加に転じます。

　この分析から経営的に学ぶべき点を整理します。あと1単位追加で生産（$n+1$個目とします）するための費用が，平均可変費用を超えれば，その超過分はそれまでのn個目の生産コストに上乗せされると考えられます。徐々に限界費用が増えるということは，生産量が増えると次第に効率が悪くなることを表しますので，企業（生産者）としては限界費用と平均可変費用，ならびに限界費用と平均総費用の大小関係をしっかりと考えることが重要になります。

図7-3　平均総費用と限界費用の関係

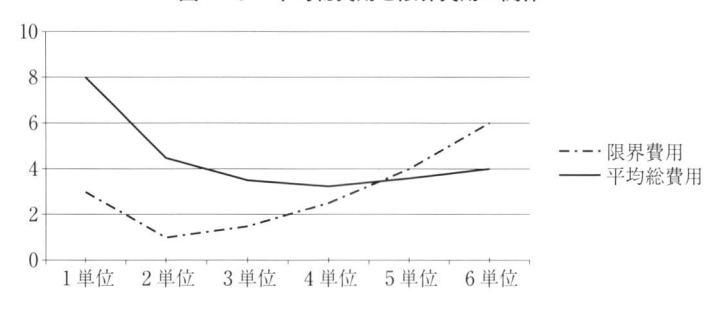

図7-4　平均可変費用と限界費用の大小を考える意味

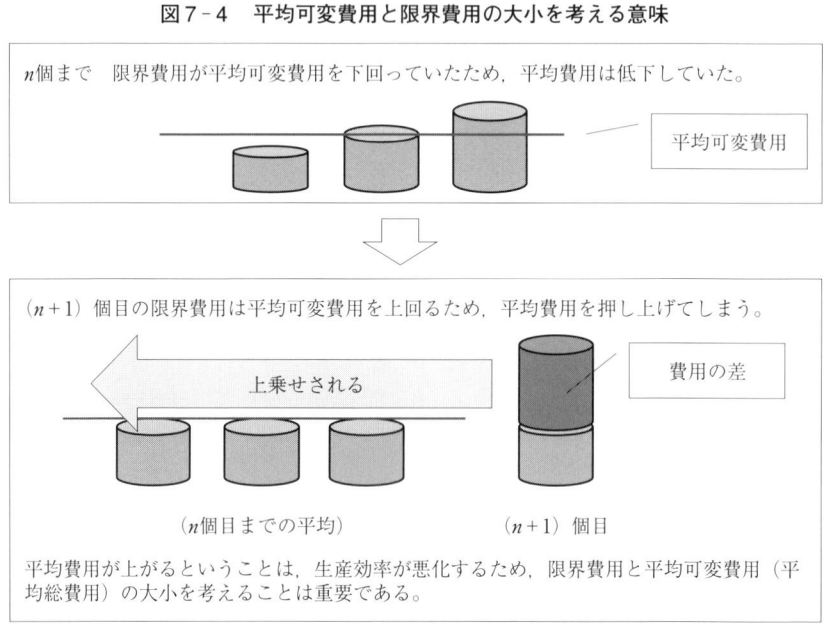

n個まで　限界費用が平均可変費用を下回っていたため，平均費用は低下していた。

平均可変費用

$(n+1)$個目の限界費用は平均可変費用を上回るため，平均費用を押し上げてしまう。

上乗せされる

費用の差

（n個目までの平均）　　　$(n+1)$個目

平均費用が上がるということは，生産効率が悪化するため，限界費用と平均可変費用（平均総費用）の大小を考えることは重要である。

7-2　供給における価格弾力性

(1)　供給における価格弾力性

需要における価格弾力性と同様に，供給においても価格弾力性が存在します。価格弾力性を求める式は，

図7-5　短い期間における供給の価格弾力性　　図7-6　供給の価格弾力性の変化

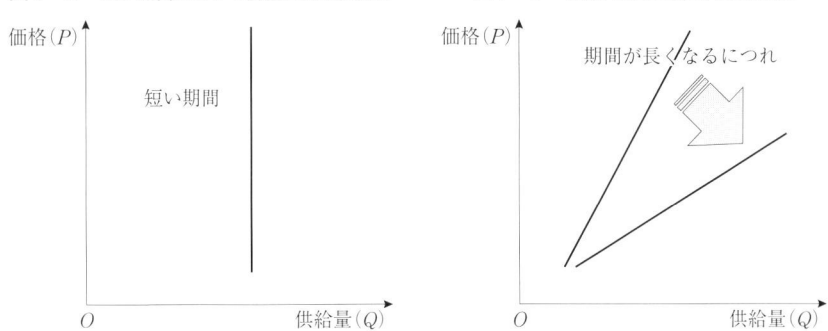

$$価格弾力性 = \frac{供給の変化率(\%)}{価格の変化率(\%)} = \frac{\dfrac{供給量の変化(\varDelta Q)}{元の供給量(Q)}}{\dfrac{価格の変化(\varDelta P)}{元の価格(P)}}$$

(⊿とは「増加量」を意味します)

　需要における価格弾力性との相違点は，マイナスの符号を計算に入れないことです。これはいうまでもなく，供給の場合，価格の上昇と供給量の増加は正の相関をするからです。

(2) 期間を考慮した供給の価格弾力性

　供給における価格弾力性が，需要における価格弾力性と異なる点で注意すべきことは，期間を考慮に入れるべき点です。

　例えば，需要の場合，価格が変わることは消費者の購買意欲に瞬時に影響を与えます。そして実際に需要量に反映されます。しかし供給の場合は，価格の変化が瞬時に生産意欲に影響を与えるとしても，すぐに生産量に反映できるわけではありません。例えば，工場の生産においては，価格が下がったからといって，すぐに一部の生産や完成品の配送を中止し供給量を減らすということは難しく，若干の時間の差が存在するでしょう。農作物や畜産物であれば，なおさらすぐに生産量の調整はできません。つまり短い期間では供給の価格弾力性

は図7-5のようになり、期間を長く取るにつれ図7-6のように供給曲線の傾きが緩やかになると考えられます。

7-3 企業行動（供給）に関する補足

(1) 企業の目的に関する諸仮説

ここまで、企業の目的は「利潤の最大化」という前提のもと分析を行いました。しかし企業の目的として、その他にも様々な仮説が述べられています。例えば売上高最大化仮説では、売上高を最大にすることを企業目的とします。アメリカの経済学者ウィリアム・ボーモル（William Baumol, 1922- ）が1959年に唱えた説です。所有と経営が分離している企業の経営者は、利潤の最大化を第1の目的とはせず、一定の利潤を確保すると、売上高（販売収入）の最大化を目指すというものです。このように考えられる理由は、売上高の減少が、人気の低下、ひいてはブランドの低下として受け止められる危険があること、その結果、金融機関からの信用力が低下することや、経営者の評価として売上高の大きさが重要なことなどです。

その他にも、「従業員の利益の最大化」や「市場シェアの最大化」、「存続期間の最大化」に関する仮説などがあります。そのすべてが、一定の利潤を確保した上で（一定の利潤の獲得を目指した上で）という前提があることから、基本的には利潤の確保という目的があり、それに加えて各企業の目的の特性を分析する必要があるといえます。

ただしこの「利潤の最大化」という目的に適さない、またはその目的の程度が高くない産業も存在します。それは医療や教育、公共事業に関する産業などです。

(2) 「利潤の最大化」目的の正当性とプリンシパル＝エージェント関係

では、そもそも(1)で述べた「利潤の最大化」という企業の第1目的は正しいのでしょうか。資本主義社会の最も一般的な形態である株式会社では、所有と経営の分離という構造から、株主という立場の**依頼人**（Principal）が会社を分

割して所有しています。会社の利益の一部を配当という形で株主に分配されますから，依頼人は**代理人**（Agent）である経営者に対し，利益を最大にすることを要求します。

このように依頼人が自らの利益のための労務を代理人に委任する関係を**プリンシパル＝エージェント関係**（Principal-agent Relationship）といいます。この関係においては，「利潤の最大化」を企業が第1目的にすることは正しいといえます。

しかし経営者（代理人）が株主（依頼人）の要求通りの行動を忠実に実行するとは限りません。代理人が依頼人の利益より自身の利益を優先する行動を**エージェンシー・スラック**（Agency Slack）といいます。例えば，経営者が自己の名声や利益を重視する行為などが挙げられます。このようなエージェンシー関係にある両者の利害が一致しない問題をエージェンシー問題，エージェンシー問題により発生するコストをエージェンシーコストといいます。さらに依頼人がエージェンシー・スラックを回避するために，どのような動機づけ（Incentive）を代理人に与えるべきかなどの研究をプリンシパル＝エージェント理論（Principal-agent Theory）といいます。

プリンシパル＝エージェント関係で「利潤の最大化」という目的を見た場合，公共事業において「利潤の最大化」という目的が合致しない理由も説明ができます。それは公共事業を行う代理人である役人にとって，公共事業が生み出す利益は原則として役人のものにはなりませんから，動機づけが働かないという点が指摘できます。

(3) 個人企業における「利潤の最大化」行動の説明

(2)では「利潤の最大化」という目的の正当性について，「所有と経営の分離」という考え方から説明をしました。では「所有と経営が一致」している個人企業ではどうでしょうか。

個人企業では，あえて代理人と依頼人という言葉を持ち出すとすると，代理人＝依頼人という関係が成り立ちます。つまり経営者である代理人は，株主という依頼人でもあるわけですから，果たすべき義務（顧客への財やサービスの

提供，および仕入先への支払い等）さえ行えば，その義務以外の企業経営を自身の裁量により自由に行うことができます。このことを**残余管理権**（Residual Control Right）といいます。また収入から義務として支払った費用を引いた残りの収入を受け取る権利を有しています。これを**残余請求権**（Residual Claim）といいます。

以上から，残余管理権を持つ個人企業の経営者は，同時に残余請求権も有しており，このような個人企業は「利潤を最大化」するという行動の説明がつくといえます。

7-4 課　題

今回は企業行動の説明の最後として，費用に関する考察，供給における価格弾力性，そして企業の目的について説明を行いました。やはり第6章と同様に，消費者行動とは逆の立場から見る企業行動では，消費者行動と共通する考え方と逆の見方が存在することが理解できると思います。そしてこの消費者行動と企業行動の関係を学ぶのが，本書の後半の市場やゲーム理論になります。まずはこの第7章までの消費者行動と企業行動，それぞれの内容をしっかりと把握しておきましょう。

では今回の課題です。

【課　題】
1. 次の表はある製品の短期における生産量と各費用の関係を示したものである。表の空欄を埋めたのち，限界費用と平均総費用の関係を示したグラフを選びなさい。

生産量	固定費用	可変費用	総費用	限界費用	平均可変費用	平均総費用
0単位	10	0	10	＊＊＊	＊＊＊	＊＊＊
1単位	10	5	15	5	5	15
2単位	10	6.5	16.5	④	3.25	8.25
3単位	①	7	17	0.5	2.33	5.67

4単位	10	8.5	18.5	1.5	2.13	4.63
5単位	10	②	③	5	⑤	⑥
6単位	10	19	29	5.5	3.17	4.83

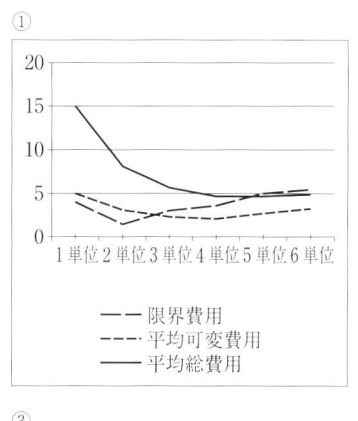

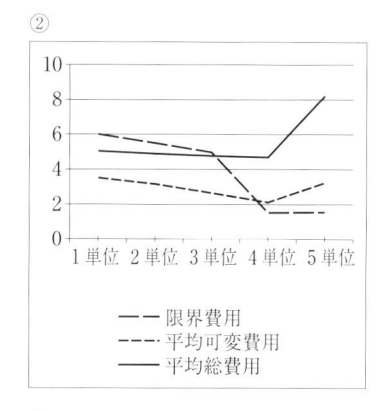

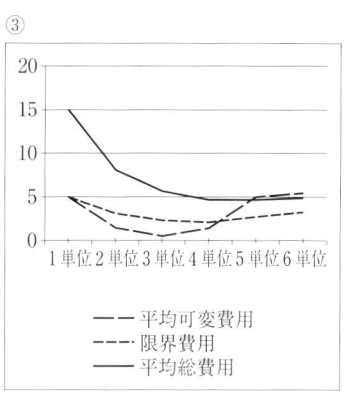

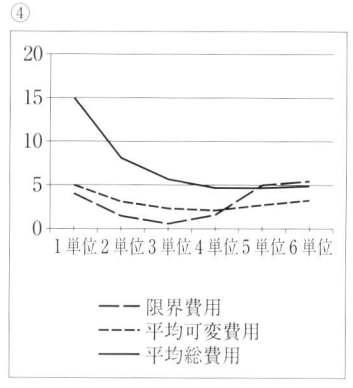

2. 供給曲線の価格弾力性に関する次の文章について，正誤を判定せよ。
   ① 供給曲線における価格弾力性を求める式は，需要曲線における価格弾力性を求める式と同じである。
   ② 供給曲線では，きわめて短い期間における価格弾力性は，ほとんどないに等しいと考えられる。

【解　答】

1. グラフは④が正しい。また表は以下の通り。

生産量	固定費用	可変費用	総費用	限界費用	平均可変費用	平均総費用
0単位	10	0	10	＊＊＊	＊＊＊	＊＊＊
1単位	10	5	15	5	5	15
2単位	10	6.5	16.5	④1.5	3.25	8.25
3単位	①10	7	17	0.5	2.33	5.67
4単位	10	8.5	18.5	1.5	2.13	4.63
5単位	10	②13.5	③23.5	5	⑤2.7	⑥4.7
6単位	10	19	29	5.5	3.17	4.83

2. ①　×　　②　○

【解　説】

1. （表）短期では固定費用は一定と考えるので、①は上下の数値と同じ10が入る。②は5単位目の限界費用が5であるため、4単位目までの可変費用8.5に5を加えた13.5となる。③は10＋13.5で23.5、④は1単位目と2単位目の可変費用の差が1.5であるから、これが2単位目を作るときの限界費用とわかる。⑤、⑥はそれぞれ②、③を5で割ればよい。

　　（グラフ）目を凝らして表の数値を追ってもよいが、基本的には表の数値のトレンドで絞られる。まず限界費用が右下がりの②が消える。次に「平均総費用＝平均可変費用＋平均固定費用」であるから、平均総費用が平均可変費用を上回ることはない。よって③が除外される。最後に限界費用が平均可変費用を上回るのは4単位目から5単位目にかけてであるので、①ではなく、④が正解とわかる。

2. ①　供給曲線と需要曲線の違いは、生産量と価格が正の相関を示すか、負の相関を示すかである。供給曲線では正の相関を示すため、価格弾力性を求める式にマイナスの符号を必要としない点が、需要曲線の価格弾力性との違いである。

　　②　供給の立場にある企業では、生産の調整をすぐに行うことは難しく、そ

のためきわめて短い期間を見た場合，その供給曲線は横軸に垂直となり，価格弾力性はないに等しいといえる。

第8章　市場理論——価格の意義と決定

価格とはお互いの利害が一致した交点であり，妥協点である。それを意図的に操作することで，必ず歪みが生じる。

8-1　価格の役割

(1) 価格が存在しない社会

　需要曲線と供給曲線を学び，そこから消費者余剰や生産者余剰，限界効用や限界費用について学んだ皆さんは，すでに価格が需要と供給を調節する役割を担っていることに気づいていると思います。そこで改めて(2)で価格の機能を見る前に，価格が存在しない社会について考えてみましょう。

　例えば映画館では自由席制と座席指定制の2つが存在します。前者の自由席制の場合，座る場所は先着順ということになりますが，自由席制の映画館でも良い席は別料金を追加で支払いその席で映画を観賞する権利を得ることになり

> ●本章のポイント
>
> 　第7章までは，需要と供給のそれぞれについて学んできました。ここからは需要および供給により決定される価格について，またその価格が決定する市場について学んでいきます。
> 　はじめに価格の意義について説明をします。価格が存在することにどのような意義があるのか，またその価格をどのように決定するのかを考えましょう。私たちがごく当たり前のものとして考えていた価格について，新しい視点や考え方，仕事や実生活への応用に気づくかもしれません。

ます。この場合に価格は重要な役割を担うことになります。一方ですべてが指定席制の場合は，価格がなくても例えば配給という方法で済ませることができるかもしれません。つまり財やサービスを受け取る資格を記した券面である配給券を受け取り，それと交換ということになります。

　もっと希少性のある財やサービスの例を考えましょう。例えばダイヤモンドなどの宝石類は全員に配給するわけにはいきません。すると誰が受け取るかという問題が生まれます。つまり公平性の問題が起こります。

　さらにタバコや酒などの嗜好品の場合を想定しましょう。これらは必要とする人と，必要としない人に分かれます。ガソリンは車やバイクに乗らない人にとっては不要です。あまり車に乗らない人でも，財が余っていることから，無駄遣いをするかもしれません。このような適材適所的な合理性の問題が起こるでしょう。

　このような例をもとに，(2)では価格の機能について考えていきます。

(2) 価格の機能——価格の割当機能

　(1)にて，映画館で良い席に別料金を支払うという例を挙げました。このように価格の意義としてまず挙げられるのが，権利の割当を決定するということです。良い席が数量的に限られているといったときには，特に価格が役立ちます。短期においては供給量を増減させることができないため，価格により割り当てるということです。これを**価格の割当機能**といいます。第7章の**図7-6**にて，短期では供給の価格弾力性についてきわめて0に近い供給曲線を示しましたが，この映画館の例にも当てはまります。第1章で需要曲線と供給曲線の交点が価格と数量を決定する均衡点であることを学んでいますので，そのことを思い出しながら**図8-1**を見てください。限られた席を希望する人に割り当てるには価格が役に立つことを示しているグラフです。また**図8-1**の実線の需要曲線のように，需要曲線と供給曲線が正の価格で一致するとき，その財は希少であるといいます。

　一方，**図8-1**において，需要曲線が点線の場合は，需要曲線と供給曲線が正の価格で一致をせず，この場合は希少ではありません。また正の価格で一致

図 8-1　短期における限られた供給のもとでは価格が割当機能を持つ

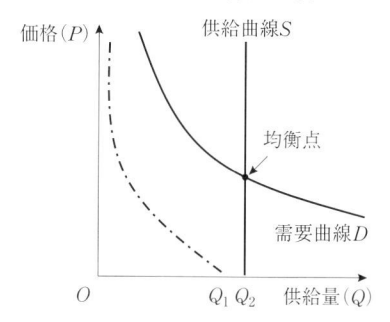

しないということは、価格 0 での需要量が Q_1、供給量が Q_2ですので、需要量の差（$Q_2 - Q_1$）が売れ残ることを示します。

(3) 価格の機能——需要と供給の調整機能

　需要に対し供給が少ない場合、財の価格は上昇し、その価格は消費者の行動を変化させます。例えば消費者は購入を控えたり、代替可能な他の財を選択します。このように費用最小化という行動を引き起こします。

　一方で生産者の行動はどうでしょうか。市場において希少性が高いものは当初は高い値段がつきます。その財が長期において生産が可能なものであれば、その財の生産に関して生産者は増加していきます。その結果、生産者間で競争が起こり、生産コストの低下などの努力により財の価格が下がります。するとその財の需要が増加し、当初は希少性が高かった財が普及していくというプロセスを取ります。

　このように、ある財の価格の変化に伴い、徐々にその財が浸透していくというような需要と供給の調整機能も有しています。

　この例からわかることは、価格が高い（上がる）こと、つまりそこに生まれる利潤が、生産者の供給を調整するといえます。利潤が生まれる以上、生産者は生産要素を多く投入し、供給を増やします。一方で価格が低い（下がる）ことは、利潤の減少につながり、生産者は供給を減らすということです。

また第2章から第7章まで，消費者行動と企業行動を学びましたが，価格の決定について思い返してください。自由競争では，需要曲線と供給曲線の交わる点で価格が決定されますが，価格は消費者にも生産者にも中立です。つまりどちらかに有利になることはありません。価格とは需要者と供給者の競争の結果といえます。

(4) 価格の設定方法

　需要曲線，供給曲線，そしてその均衡の説明では，すべての消費者に対する価格の決定を前提にします。しかし現実は価格の決定には様々な方法があります。例えば電車に乗るときには，全員が1回ごとに切符を買うのではなく，回数券を使う人や定期券を使う人など様々です。また子供料金の設定や奨学金制度など，相手の支払い能力に応じて価格を決めるという例も存在します。

　このように異なる集団に対し，異なる価格を設定することを**価格差別**(Price Discrimination)といいます。価格の役割の最後の説明として，この価格差別の例を紹介します。

　なお，価格差別ができる前提としては，売り手が価格支配力を持っていること，市場がグループ化（区別）できること，財の市場間での転売ができないこと（低い価格で購入したグループに属する人が，高い価格を支払うグループに属する人に財を再販売できないこと）が挙げられます。

　価格差別の1つ目は，各々の消費者が支払ってもよいと考える価格で販売する場合です。売り手が消費者の需要価格に合わせて販売するということであり，フリーマーケットなど，交渉で価格が決定するときなどが該当します。次に，まとめて購入すれば価格が下がる設定方式です。回数券や定期券もこの方式に該当します。3つ目は，グループ別に異なる価格を設定する場合です。子供料金などが該当します。

　いま説明したのは，ある集団に対する価格の設定方法ですが，その他にも**ピーク・ロード価格**(Peak-Load Pricing)と呼ばれるものがあります。これは需要が多いときには高い価格を設定し，需要が少ないときは低い価格を設定するというものです。規則的な需要変動がある場合に利用され，例えばホテルの

オフシーズン価格の設定や，交通機関のラッシュアワーを避けた昼間割引運賃などが該当します。いま述べたような規則的な需要変動があり，需要の増減に生産が対応できず，また生産物の貯蔵ができないときに有効です。

最後に**非線形価格**（Nonlinear Pricing）を説明します。これは1単位あたりの価格が消費（購入）量に応じて変化する価格方式のことです。例えば鉄道では長い距離を乗れば乗るほど1kmあたりの価格が下がります。遊園地では高い入場料を払い，さらに乗り物を乗るときには別途の料金が必要な2部料金制を取っています。利用者は乗り物を多く乗れば乗るほど1回の乗り物にかかる入場料の割合が下がるということになります。そのような効果のほかにも，このような価格を設定するメリットは，生産者が規模の経済性を追求できることや，消費者に大量購入を促せることなどがあります。

8-2 価格の規制と調整

(1) 価格の上限規制による影響

第7章では期間を考慮した供給の価格弾力性を学びました。供給では期間が長くなるにつれ，供給曲線の傾きが緩やかになることを確認しています。

ここでは例えば政府により価格規制が行われた場合，どのような影響が起こるかを考えてみましょう。生産調整が難しい財において，短期においては**図8-3**のような需要曲線と供給曲線が描かれ，価格がP_1で均衡していたとします。

しかしここで政府がこの財について価格をP_1よりも低いP_2で規制したとします。すると短期で考えていますので，供給量はすぐに変更できません。よって供給量はQ_2のままですが，需要量は価格弾力性に従いQ_3まで増加します。ここで$Q_3 - Q_2$の超過需要が発生します。しかし価格が統制されているため，この場合の財の売買は先着順に行われるということになります。

では，少し時間が経ったとしましょう。第7章およびこの章の**図8-2**で示した通り，生産者の供給曲線は徐々にその傾きが滑らかになってきます。すると**図8-4**のように供給曲線はSからS'へと変化していきます。つまり供給量が価格P_2に対応し，Q_4へと減少します。この結果超過需要は$Q_3 - Q_4$となり，

図8-2 供給の価格弾力性の変化(確認)

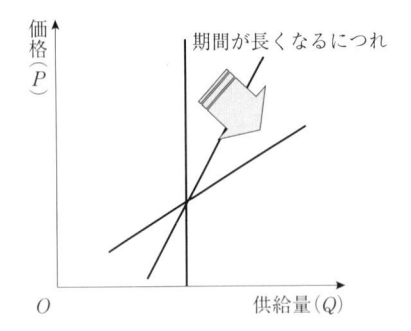

図8-3 ある財における均衡価格 P_1 と統制価格 P_2（短期）

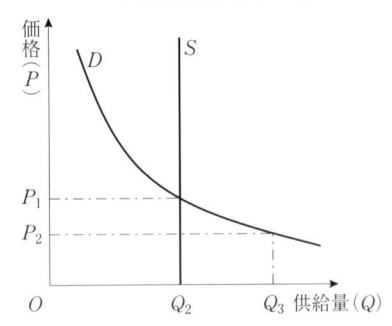

図8-4 ある財における均衡価格 P_1 と統制価格 P_2（長期）

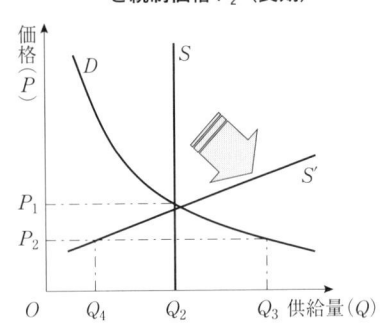

図8-5 ある財における規制撤廃直後の均衡価格（短期）

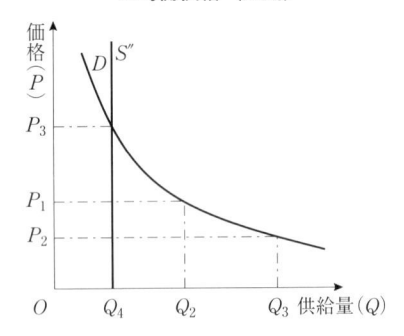

　超過需要が拡大してしまいます。つまり，価格を本来の均衡価格より低く規制した場合は，超過需要が拡大していく傾向にあることがわかります。

　では，ここであまりにも超過需要が多く発生し，政府が急に価格規制を取りやめたいとしたらどうなるでしょうか。やはり短期では生産の調整はすぐにできません。つまり規制を廃止した瞬間に**図8-5**のような需要曲線と供給曲線が描けます。このときの均衡価格に注目してください。もはや供給は Q_4 しかありませんから，均衡価格は P_3 に跳ね上がってしまうことが確認できます。

　以上から確認できるように，均衡価格より低い価格で規制を行った場合は，時間とともに供給の減少，ならびに超過需要の拡大を招きます。そして規制を

廃止した瞬間，規制前より高い均衡価格がつくことがわかります。

また超過需要が発生するということは，その財を市場以外で割り当てるという方法が生まれるかもしれません。いわゆるヤミ市場の形成につながる可能性があります。

図8-6　時給と労働供給量の均衡

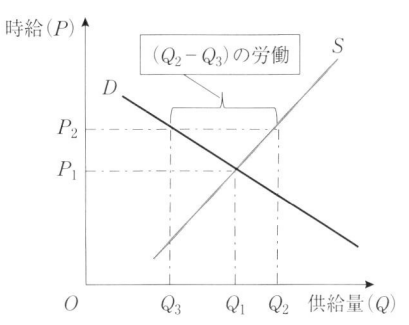

(2) 価格の下限規制による影響

今度は逆に価格に下限規制がある場合を考えてみましょう。下限規制の例としては，1時間あたりの最低賃金を定めている場合が挙げられます。

いま市場における時給と労働供給量が図8-6のように均衡していたとします。つまり賃金 P_1 では Q_1 の人が自身の労働力を提供しようと考えていることになります。ここで仮に P_1 よりも高い価格の P_2 で最低賃金（下限価格）が定められたとしましょう。すると労働力を供給しようとする人（この場合は人の側が労働力の提供者，つまり供給側になります）は Q_1 から Q_2 に増えますが，その一方で労働力を必要とする需要（この場合は企業側が労働力を需要する側になります）は Q_1 から Q_3 に減ります。つまりここに，$(Q_2 - Q_3)$ の労働力の余剰が発生することになります。つまり最低賃金の導入は失業者を増やす可能性があるということを示唆しています。

8-3　課税による市場の考察

(1) 課税の負担割合

タバコやガソリン，酒など，財には課税されているものが存在します。ではその課税の負担は消費者と企業のどちらが負担しているのでしょうか。このような話も需要曲線と供給曲線から考察できます。

第6章で供給の変化について学びました。そして課税は供給に変化を与える

図8-7　供給曲線のほうが急な場合　　図8-8　需要曲線のほうが急な場合

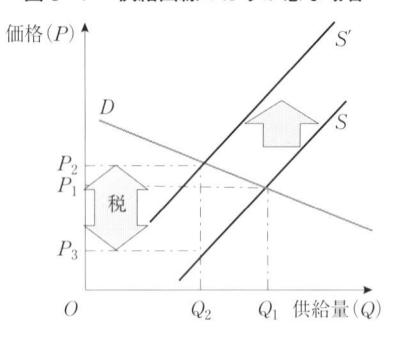

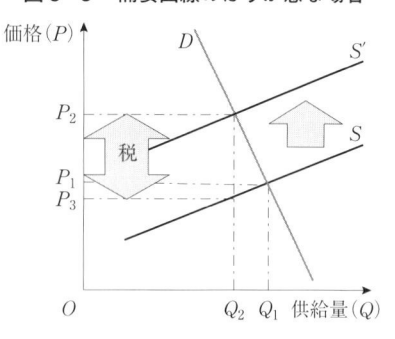

要因でした。いま**図8-7**，**図8-8**のように，それぞれ課税前の供給曲線 S と課税分だけ上方にシフトした課税後の供給曲線 S' を示しています。この2つの図を見比べれば，課税分 P_2-P_3 が消費者の負担であるのか，それとも生産者の負担であるかが読み取れます。

図8-7では供給曲線のほうが需要曲線よりも傾きが急です。この場合，課税後の均衡点を見ると消費者（需要曲線）は元の価格より少し高めの P_2-P_1 の差額を負担しますが，その一方で生産者（元の供給曲線）は P_1-P_3 の大きな差額を負担しています。**図8-8**はその逆のパターンです。

このように見ることができるのは，P_1 が元の価格，P_2 が課税後の消費者が支払う価格，P_3 が生産者が受け取る価格を示すからです。課税によって，消費者の支払う価格は上昇し，生産者の受け取る価格は低下したということです。つまり消費者は支払価格が上昇した分の差額で，売り手は受取価格が低下した分の差額で，税を負担しているといえます。

(2) **課税の負担に見る需要曲線，供給曲線の傾きの意味**

図8-7では需要曲線の傾きが緩やかで，供給曲線の傾きは急です。ではこれは何を意味したのでしょうか。価格弾力性を思い出してください。需要曲線の傾きが緩やかということは，消費者は価格の変化に敏感に反応していることを意味しました。よって課税により価格が上昇すれば，需要量は大きく減少するということです。つまり生産者が負担しないと財が売れなくなります。その

結果，消費者の課税分の負担は少なく，その分生産者が負担することになります。

逆に需要曲線の傾きが急で，供給曲線の傾きが緩やかな図8-8の場合は，消費者は，価格の変化に敏感ではないということです。つまり課税により支払価格が上昇しても，需要量はあまり減少しません。その結果，図8-7の現象とは逆に，生産者より消費者の税負担は多くなるということです。

8-4 課　題

　この章は，第7章までで学んだ需要曲線と供給曲線をもとにして，市場と価格について説明をしました。需要曲線と供給曲線の性質を理解すると，この章で学んだ例のように，身のまわりの事例が経済学を通して見えてくると思います。ミクロ経済学の基礎は，皆さんの身のまわりの多くの場面に応用できるものなのです。

【課　題】
1. 政府による価格規制により，ある財の価格が市場の均衡価格よりも低い価格で設定された場合の記述について正しいものを選びなさい。
    ① 価格規制により，供給量は短期ではあまり変化しないが，需要量は減少する。
    ② 価格規制により価格は下がるが，需要量，供給量ともに変化はない。
    ③ その財の超過需要が拡大していく傾向にある。
    ④ しばらくして規制を解除すると，低い価格が継続するようになる。
2. 十分に競争的な市場において，ある財の価格を P，個数を Q とすると，需要曲線が $Q+2P=15,000$，供給曲線が $2Q-P=0$ で与えられている。いまこの財1個につき1,000円の税金がかけられることになったとする。このときに消費者（買い手）と生産者（売り手）が負担すると考えられる，それぞれ税金の額を求めなさい。
（必要に応じグラフを参考にせよ。）

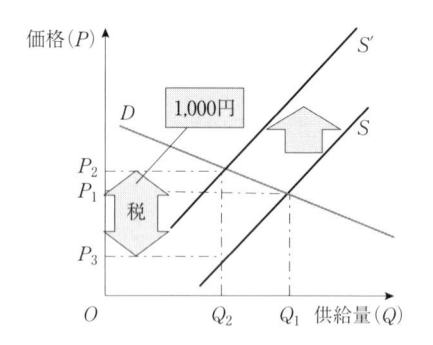

【解　答】

1. ③
2. 消費者が200円，供給者が800円を負担すると考えられる。

【解　説】

1. ①は「需要量が増加する」ので正しくない。②も同じく「需要量は増加し，供給量も徐々に減少していく」ため正しくない。③は需要量が増え，供給量が減少していくことで超過需要が増えるため，正しい。④はその逆で，しばらくして規制を解除すると，供給量が減った状態のため，「価格は高騰する」ので正しくない。

2. 本文をしっかりと理解していればさほど難しい問題ではない。要はヒントの図の P_1, P_2, P_3 を求めればよいだけである。

   まずそれぞれのグラフに対応する式を確認すると，D が $Q+2P=15,000$ …①，S は $2Q-P=0$ …②となる。また S' は S の $P=2Q$ の切片が1,000増えた $P=2Q+1,000$，つまり $-2Q+P=1,000$ …③となる。P_1 は①と②の P であるから，これを解いて $P=6,000$（P_1：課税前の均衡価格），また P_2 は①と③を解いて $P=6,200$（P_2：課税後の消費者が支払う価格），よって $6,200-6,000=200$（円）が消費者の負担分といえる。残りの $1,000-200=800$ が生産者の負担である。

   このように需要曲線が滑らかということは，消費者が価格に敏感であることを示しており，その場合，課税分の負担を生産者が負う割合が多くなる。

第9章　市場理論——独占

独占が悪いことである理由は，競争がなく質が低下する可能性があるにもかかわらず，その財の価格が完全競争状態より上昇することである。

9-1　独占とは

(1) 市場の構造

ここまでは市場への参加者が多く，個々に独立して行動（競争）し，十分に情報を持ち，かつ価格支配力を持たないという，完全競争についてお話をして

●本章のポイント

第8章では価格の決定方法についてお話しました。またここまでは，価格を与えられたものとして，需要量や生産量を決定するプライステーカーの視点で説明をしてきました。このようなプライステーカーの視点では，個々の消費者や生産者の取引が全体に比べて小さいことや，消費者と生産者が価格や財について十分な情報を持っていること，また生産者が生産する財の質に変わりがないことを前提としていました。

しかし実際の社会では，このような状況ばかりではありません。例えば一部の巨大企業が市場のシェアの大半を占めている例も存在し，価格に影響を与えています。この章では，価格を受け入れるプライステーカーとは逆の立場，すなわち価格を操作できる立場にあるプライスメーカーと呼ばれる一部の企業と市場について説明を行います。

市場を1社が独占しているとき，何か問題が起こるのでしょうか。そのような問題意識を事前に持ちながら，この章を読み進めていただけると幸いです。

表9-1 市場の構造

	完全競争	独占的競争	寡占	独占（複占）
支配企業数	多数	多数	少数	1社（2社）
価格支配力	なし	限定的	あり	大いにあり
製品の差別化	なし	あり	あり（一部なし）	なし
参入の容易さ	容易	容易	難しい	ほぼ不可能

きました。そして扱う財は均質のものという前提でした。純粋な完全競争市場の例は存在しませんが、近いものとして農作物の生産などが挙げられます。

しかし市場には完全競争市場ではないもの、つまり不完全競争（Imperfect Competition）というものが存在します。不完全競争市場は3つの種類にわかれます。

1つは**独占的競争**（Monopolistic Competition）です。この形態は完全競争に最も近いものですが、扱う財について個々の売り手が少しずつ差別化を図っていることから、売り手が価格支配力を持つ市場のことを指します。数多くの例が存在しますが、例えばガソリンスタンドが挙げられます。

次に**寡占**（Oligopoly）と呼ばれるもので、扱う財は差別化されているものと同質のものが存在しますが、3社以上のごく少数の企業が市場を支配している状態を指します。例えば自動車産業などが挙げられます。

3つ目が本章で扱う**独占**（Monopoly）です。こちらは1企業が市場を支配している状態です。電気や水道など、政府が特別に認可を与えるような公共事業に多い形態です。なお2社が市場を支配している状態を**複占**（Duopoly）といいます。現在の日本における航空業界が複占に近い状況にあります。

(2) **独占が起こる理由**

この章で扱う独占は市場の構造の一部の形態です。ではなぜ独占が起こるのでしょうか。

(1)で説明した独占の例として公共事業を挙げましたが、例えば電気事業に関して、複数の会社が参入し、送電線や電柱をそれぞれの会社ごとに作っている

と，効率の悪いものになります。また企業の規模が大きく大量生産するほうが，コストが低減する場合があります。つまりある財やサービスについて，複数の供給者による生産よりも，1つの生産者による生産のほうが効率のいい状態の場合が挙げられます。これは**自然独占**（Natural Monopoly）といわれるもので，規模の経済性により競争的にはならず，自然に発生します。

また新しい発明に対し特許を与えることで，その発明から生まれる製品の製造や販売を独占する権利を保障する場合もあります。また民間企業では難しい財やサービスを提供する国営企業も独占となる場合があります。

さらに地域で区切った場合，例えばその地域の人口規模が小さいことから，複数の供給者が進出しない場合も，その地域における独占ということができます。

9-2　独占企業の行動

(1) 独占企業の総収入と限界収入

いままでは完全競争市場の仮定のもと，企業の行動を見てきました。では独占市場ではどうでしょうか。完全競争市場との一番大きな違いは，不完全競争の独占状態においては供給曲線を考える必要がないということです。なぜならば独占状態では，市場に財やサービスを供給する企業は1社のみのため，需要曲線上の価格と需要量で供給を行うからです。

では総収入曲線はどのようになるかを考えましょう。いま仮に需要曲線が**図9-1**のような1次関数で表されるとき，その需要曲線の式を $p = \alpha q + \beta$（需要曲線は右下がりのため $\alpha < 0$）とします。すると独占状態で企業の総収入は需要曲線のある点における（価格 p × 供給量 q）になりますから，総収入 I は $I = p \times q = (\alpha q + \beta) \times q = \alpha q^2 + \beta q$ で表され，$\alpha < 0$ であることから，**図9-2**のような上に凸の放物線を描きます。このような放物線を描く理由は，きわめて高い価格のときは供給量が少ないため総収入を示すそれらの積は小さなものであり，価格が下がるにつれ供給量が増えその積も大きくなりますが，さらに価格が下がると供給量は増えるもののやはりその積が小さくなっていくことから理

図9-1　独占状態における企業の売上　　図9-2　独占状態における総収入曲線

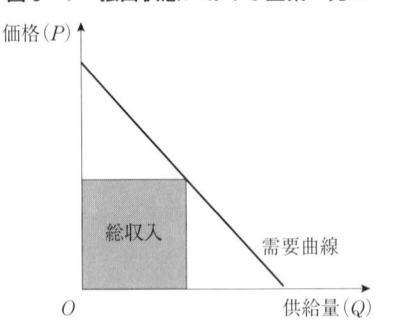

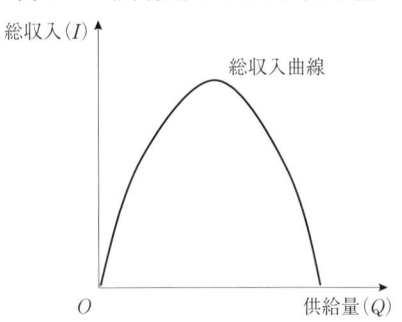

解できます。

　さらにこの総収入曲線から限界収入を考えましょう。限界収入は供給量を1単位増やしたときの収入の増加分ですから，総収入曲線と限界収入曲線の対応は**図9-3**のような関係で理解することができます（微積分でいえば，総収入曲線の接線の傾きが限界収入を示しますので，総収入曲線の関数を q で微分した式 $(MR)=2\alpha q+\beta$ が限界収入を示します）。

　ここで供給量に対する価格の式 $p=\alpha q+\beta$，供給量に対する限界収入の式 $(MR)=2\alpha q+\beta$ を比較すると，縦軸の切片が β で一致し，かつ傾きが2倍の関係にあることがわかります。これを図示したのが**図9-4**です。

(2)　独占企業の利潤最大化行動

　(1)で数式を出して説明をしてきましたが，この式から独占状態にある企業の行動が説明できます。

　ここでは企業が生産にかける費用を c とし，費用関数を仮に1次関数として $c=rq$ と仮定します。すると総収入と費用の関係は**図9-5**で示すことができます。ここで企業の利潤は（利潤）＝（収入）－（費用）ですから，企業の利潤が最大になるのは総収入曲線が上にある状態で総収入曲線と費用曲線が最も離れているときとなります。つまり総収入曲線の接線の傾きが費用曲線と一致する（接線が費用曲線と平行である）接点における供給量といえます。

　よって企業の**利潤の最大化の条件**は，（費用曲線の傾き）＝（総収入曲線の接

図9-3 総収入曲線と限界収入曲線の対応

供給量が1単位増えたときの収入の増加が限界収入である。

限界収入曲線

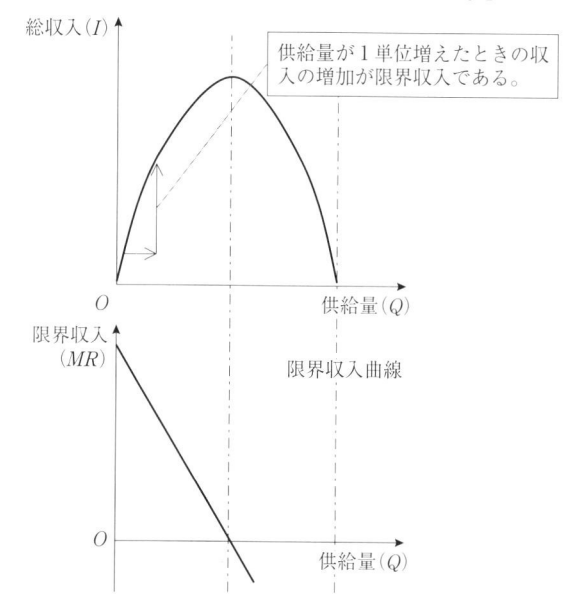

図9-4 供給量に対する価格と限界収入の変化

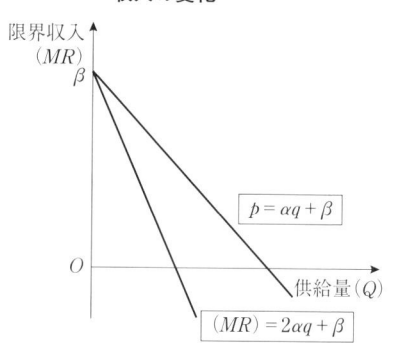

$p = \alpha q + \beta$

$(MR) = 2\alpha q + \beta$

線の傾き）です。費用曲線の傾きとは供給量を1単位増やすときの費用を示し，総収入曲線の接線の傾きとは供給量を1単位増やすときの収入の増加を意味しますから，いい換えれば企業の利潤の最大化の条件は，**(限界費用)＝(限界収入)** となります。

図9-5　総収入曲線と費用曲線

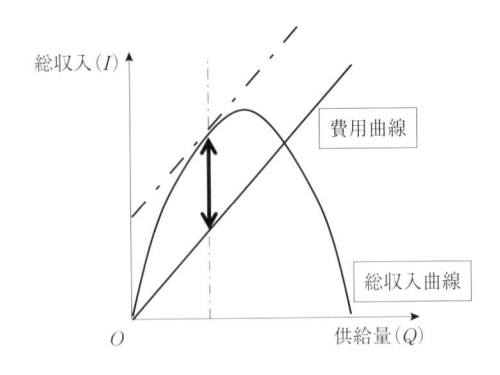

9-3　独占による社会の非効率性

(1) 独占がもたらす社会的損失

ここまでの話で，独占状態にある企業は（限界費用）＝（限界収入）で利潤が最大となることを説明してきました。では独占は何か社会に問題を引き起こすのでしょうか。

ここでは図9-6における，完全競争市場の場合の均衡点 E（つまり限界費用曲線（供給曲線）と需要曲線の交点である均衡点 E），ならびに独占状態における企業の利潤を最大にするときの点 F（つまり限界収入＝限界費用となる点 F）を比較しながら説明を行います。

まずは完全競争市場の場合を振り返ります。第3章で消費者余剰について説明しましたが，そのとき消費者余剰とは総効用から総支出を引いた差であり，消費者にとっては利益のようなものと述べました。また第6章では生産者余剰について説明をしましたが，生産者余剰は限界収入から限界費用を引いた限界利益の合計でした。つまり均衡点における状態では，図9-7の①の消費者余剰が，また②の生産者余剰が生まれると考えられます。

またこの消費者余剰と生産者余剰を合わせたものを社会的余剰といいますが，これは社会全体の利益のようなものと考えてください。この場合は①＋②が社会的余剰となります。

図9-6 限界収入曲線と限界費用曲線，需要曲線

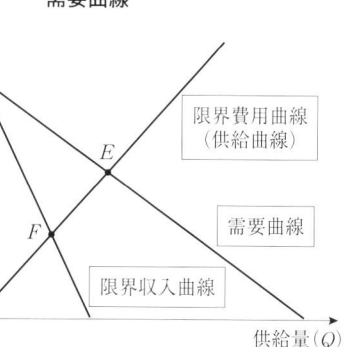

図9-7 完全競争市場における社会的余剰

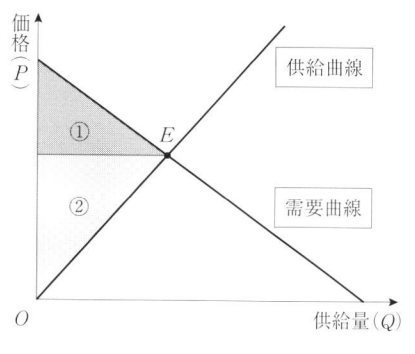

図9-8 限界収入曲線と限界費用曲線，需要曲線

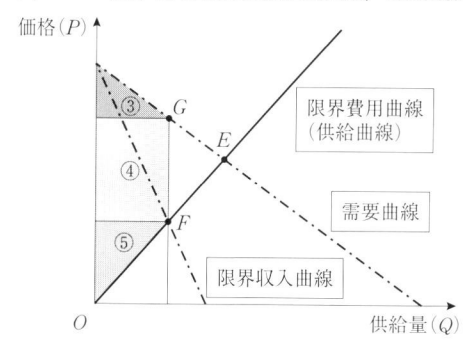

　一方で独占状態において企業が利益最大化行動を取った場合はどうなるでしょうか。企業は点 F において供給をやめてしまいますから，市場では点 F の供給量と同じ縦軸に位置する需要曲線上の点 G の価格となります。すると消費者余剰は③のみになってしまいます。生産者余剰は点 G の価格および供給量で販売しますから，④＋⑤となります。よって社会的余剰は③＋④＋⑤ですが，これは**図9-7**で見た社会的余剰①＋②よりも少ないものとなってしまいます。この失われた△ EFG のことを**社会的損失**（Social Loss）といいます。

　結果として独占により，その財またはサービスの価格および供給量は点 E から点 G に移り，供給量は減少し価格が上昇してしまいます。このような結果と社会的損失の発生が独占はよくない理由になります。

第9章　市場理論──独占　105

(2) 買い手独占による問題

　独占というといま考察したように，売り手である企業が1社で買い手である消費者が多数の場合を思い浮かべがちですが，その逆の**買い手独占**（Monopsony）も存在します。例えば，自動車の部品に関して生産者は数多くいますが，その部品を購入するのは大手自動車メーカー1社という場合です。

　買い手独占の場合，買い手は売り手に対して強い立場にあり，しかも売り手は売らないという選択肢を取りにくいため（他に売る相手がいないため），買い手が定めた価格で販売しなければならない点で問題となります。

9-4　課　題

　第9章では，独占がなぜ問題かというテーマを最初に投げかけましたが，実は最初からここまで学んできた需要曲線，消費者余剰，供給曲線，生産者余剰を理解していると，明快に理解ができます。確かに企業が1社で市場を独占すると，価格が上昇するというのは感覚的には想像ができます。ではどの程度上昇するのかというと，独占状態にある企業の利潤最大化という目的から，（限界収入）＝（限界費用）という条件が導き出されました。そしてそのときの価格と供給量は，自由競争の場合よりも高く，また少なくなるということから，社会的損失が発生しました。

　はじめて経済学を学ぶ方には少し難しく感じたかもしれませんが，何度か読み返してみてください。

【課　題】
1.　市場の分類と特徴について述べた次の記述のうち正しいものを選びなさい。
　① 独占的競争とは，1社が市場を支配している状態のことであり，参入はほとんど不可能である。
　② 完全競争市場とは，参入が容易であり，扱う財やサービスに対し個々の企業が差別化を行うことから，市場をある程度支配することができる。
　③ 寡占とは少数の企業が市場の多くのシェアを持っている状態であるが，

独占と違い価格に対する支配力はほとんどない。
④ 独占には，政府による独占や地域的な独占のみならず，規模の経済性により競争的にはならずに自然に発生する場合もある。

2. ある財の価格を P，個数を Q とする。いまこの財の市場において，ある企業が独占の状態にあり，その企業の限界費用曲線が $P-Q=0$，限界収入曲線が $P+Q=5{,}000$ で与えられている。この市場の需要曲線が $2P+Q=10{,}000$ のとき，利潤の最大化を目指すこの企業が，当該財を販売する価格を求めよ。

3. 独占企業が支配する市場において，財の価格を p，財の数量を q とするとき，需要曲線が $p=10{,}000-50q$ であるという。このときこの独占企業が決定する財の価格はいくらか求めよ。

【解　答】

1. ④
2. 販売価格3,750円
3. 財の価格5,000円

【解　説】

1. ①〜③は表9−1を参照のこと。独占的競争と独占は異なるので注意が必要である。④は自然独占のことを説明しており，これが正解である。
2. 企業の利潤が最大となるのは，（限界費用）＝（限界収入）であるので，$P-Q=0$，$P+Q=5{,}000$ を解いて $Q=2{,}500$，つまり2,500個の生産を行うということである。このとき，市場で売ることのできる価格は需要曲線 $2P+Q=10{,}000$ に $Q=2{,}500$ を代入し，$P=3{,}750$（円）となる。
3. $p=10{,}000-50q$ を q について解き，$q=-0.02p+200$
　　（売上）＝（価格）×（生産量）より，
　　（売上）＝ $p \times (-0.02p+200) = -0.02(p-5{,}000)^2 + 500{,}000$
　　よって5,000円

第10章　市場理論——複占，寡占，独占的競争

製品の差別化が新たな利潤を生み出すが，やがてそれは模倣される。しかし模倣されるということは，成功者の証でもある。

10-1　寡占の理論

(1)　寡占企業の行動

　寡占は3社以上の少数企業が市場を支配していることを指しますが，その企業行動の特徴は互いに相手の企業行動をもとに戦略的に意思決定を行う**相互依存行動**といえます。少数の企業が市場を支配しているということは，そのうちの1つの企業が何か行動を起こすと他の企業も**追随**する可能性があります。特にその1つ企業のシェアが大きい場合や，他の企業に比べて生産コストが格段

●**本章のポイント**

　前章でお話した独占という形態は，政府事業や地域を絞らない限り，広域的には日本ではほとんど存在しません。多くの市場は複占または寡占，独占的競争です。特に家電市場，国内線航空市場，飲料市場（ビール，ソフトドリンク）やファーストフード市場（ハンバーガー，シアトル系コーヒー）などでは寡占化が進んでいます。

　寡占をはじめとするこれらの形態の市場では，独占のようにモデル化が難しいといえます。というのも，単独ではなく複数の企業が存在することから，相互の駆け引きなども考慮せねばならないからです。駆け引きの部分は後のゲーム理論の章でも扱いますが，この章でも関係する箇所にて簡単に紹介しようと思います。

に低い場合は，その企業のことを**支配的企業**といいます。支配的企業は価格の変更を先導する**プライス・リーダーシップ**を取ることが多いといわれます。

　相互依存行動では，自社の行動に対し他の寡占企業がどのような反応をするかを予測して，自社の行動を決定します。その行動の1つに，価格や供給量，販売地域において，競争を避けるような取り決めを行い，産業全体の利益を高めて分配するという**カルテル**があります。その一方で，自社が他社を出し抜くために価格を下げることや，宣伝を行うことなども考えられます。このように相反する2つの行動が行われる可能性を寡占は有しています。

(2)　**寡占企業の屈折需要曲線について**

　では，このような寡占市場における価格の変化の特徴を見ていきましょう。寡占市場では，寡占企業の1つの企業において製造のための費用が増加または減少しても，製品の価格が変化しないことがあります。その理由をここでは屈折需要曲線を用いて説明します。

　もしその寡占企業が価格を上げたとしても，他の企業が追随するとは限りません。というのも寡占状態において，ある企業が価格を値上げすれば，その他の寡占企業は**静観**しているだけでその企業から顧客を奪うことができ，売上および利潤を増やすことができるからです。

　ではその寡占企業が価格を下げた場合はどうでしょうか。今度は逆に他の寡占企業は顧客を奪われることになりますから，値下げに追随すると考えられます。

　このことから特殊な需要曲線を考えることができます。寡占企業の場合，全体としては価格支配力を持っていると考えられますから，**図10-1**のように独占企業の場合と同様に需要曲線そのもので企業の売上，つまり市場の需要と価格の関係を考えることができます。

　ここで価格と需要量が**図10-1**における E 点のとき，この企業が価格を変化させれば，他の寡占企業の行動は，この寡占企業が値上げした場合は静観，値下げした場合は追随となります。つまり値上げの場合は他の寡占企業に顧客を奪われるため，もとの需要曲線以上に需要が減少し，**図10-2**のように E

図10-1　ある寡占企業の需要曲線

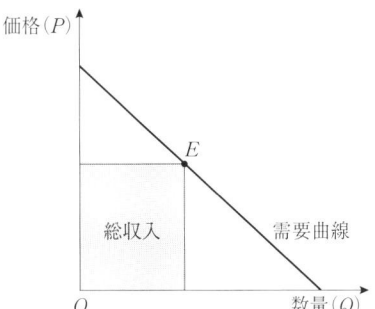

図10-2　値上げによる需要曲線の変化

図10-3　ある寡占企業の屈折曲線

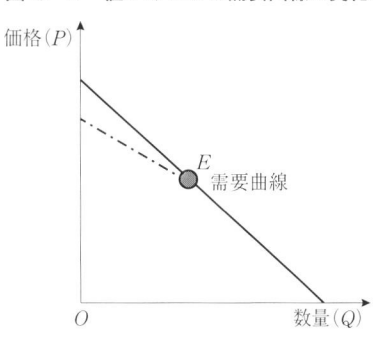

図10-4　ある寡占企業の屈折需要曲線

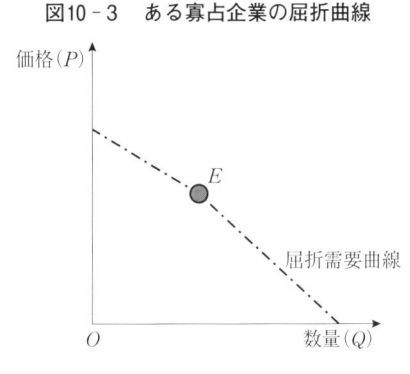

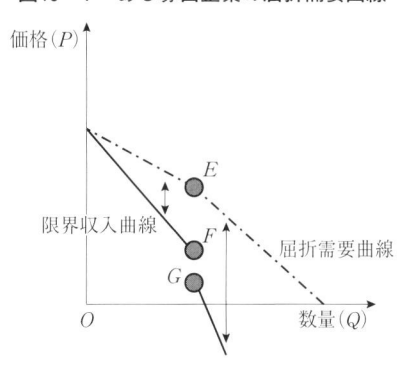

点から左上の点線のような需要曲線を描きます。値下げをした場合は他の寡占企業も追随しますから，もとの需要曲線と変わりません。つまりその結果，**図10-3**のような屈折した需要曲線となってしまいます。

すると第9章の独占で確認した通り，限界収入曲線はこの需要曲線と切片が同じで，傾きが2倍になるという関係がありましたので，**図10-4**のようにE点を境にして，それぞれの需要曲線に対応させた結果，連続しない（くっつかない）実線で示した限界収入曲線を描くことができます。

(3) 寡占企業の価格の硬直性について

ここでもう1つ第9章で学んだことを思い出していただくと，利潤最大化と

図10-5　ある寡占企業の屈折曲線

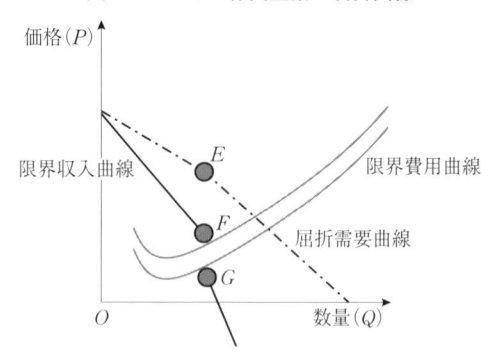

なる条件は（限界費用）＝（限界収入）でした。では(2)の最初に述べた，もし限界費用曲線が**図10-5**のようにFとGの間で変化すればどうなるでしょうか。この間で変化する限りにおいては，この寡占企業の生産量も価格もE点の位置で変化はありません。つまりこの寡占企業の利潤最大化という点においては価格が変化しないことになります。よって寡占企業の1つの企業において製造のための費用が増加または減少しても，製品の価格が変化しない場合があるということが説明できます。

10-2　複占とクールノー・ナッシュ均衡, シュタッケルベルク均衡

(1) 反応関数

10-1で寡占市場の企業は相互依存行動により戦略的に意思決定を行うと述べました。では寡占状態で最も相互依存行動が取られると考えられる複占の場合，つまり市場を2つの企業Aと企業Bが支配している場合を考えましょう。

いまpを価格，市場全体の需要関数を$X=60-p$とします。また簡略化のため費用関数は0と仮定します。さて需要関数をpについて解くと$p=60-X$（逆需要関数）です。いま市場には2社しかありませんから，このXを2社が分けます。つまり$X=X_A+X_B$です。よって$p=60-X_A-X_B$…①（**図10-6**）となります。

図10-6　市場全体の需要曲線

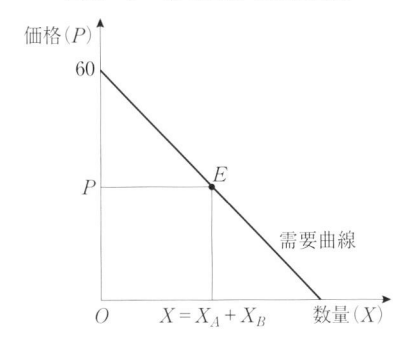

図10-7　企業Aの利潤曲線

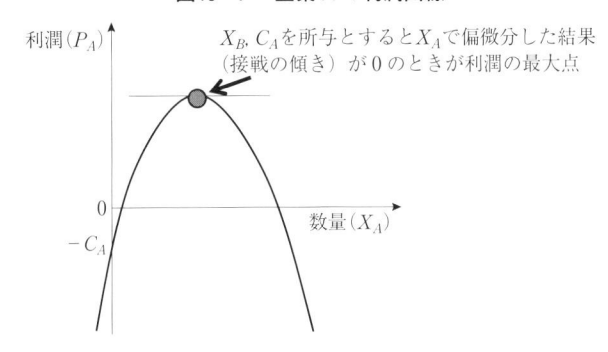

X_B, C_Aを所与とするとX_Aで偏微分した結果（接戦の傾き）が0のときが利潤の最大点

　ここでA社，B社それぞれの利潤は，利潤＝価格×数量－費用の関係から，それぞれの利潤をP_A, P_B，費用をC_A, C_Bとすると，

$$P_A = p \times X_A - C_A \qquad P_B = p \times X_B - C_B$$

①を代入し，

$$P_A = (60 - X_A - X_B) \times X_A - C_A \qquad P_B = (60 - X_A - X_B) \times X_B - C_B$$

です（**図10-7**）。

　ここでそれぞれの企業は利潤が最大になるような数量を決定するように行動しますから，それぞれの式について利潤を各企業の生産量で偏微分して0とおくと（微積分を未習の方は，利潤Pが数量Xで示される上に凸の2次関数で，

第10章　市場理論——複占，寡占，独占的競争　113

図10-8 企業A，企業Bの反応関数

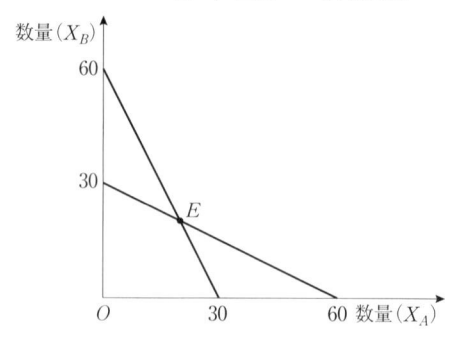

利潤 P が最大になるような X を求める手段のことと理解してください），それぞれ

$$60 - X_B - 2X_A = 0 \qquad 60 - X_A - 2X_B = 0$$

となります。それぞれの式から，X_A と X_B について解くと，

$$X_A = \frac{1}{2}(60 - X_B) \qquad X_B = \frac{1}{2}(60 - X_A) \quad \cdots ②$$

となります。この結果から，企業 A の供給量は企業 B に依存し，企業 B の供給量は企業 A に依存していることがわかります。

このように自社の供給量が他社の供給量の合計により決定される式を**反応関数**，そのグラフを**反応曲線**といいます。

(2) クールノー複占モデル

(1)で導いた反応関数のように，2社がお互いの供給量に反応し合うと，最終的にはある均衡点に落ち着きます。②のそれぞれの式を**図10-8**のようにグラフ化すると交点 E で交わります。この点のことを**クールノー・ナッシュ均衡点**といいます。この例の場合は，$X_A = X_B = 20$ と求めることができます。また市場における価格は，$p = 60 - X_A - X_B = 40$ と決定されます。

なお，この例では2社の費用関数を無視して考えていますが，例えば $C_A =$

$2X_A$, $C_B = X_B + 15$ などというように設定してみると，結果の生産量も企業 A と企業 B で異なってきます（章末の【課題】を参照）。

(3) シュタッケルベルク先導者モデル

ではこの複占市場において，企業 A が先導者であればどうなるでしょうか。この場合，企業 A は自らの生産量に対する企業 B の反応を考慮して生産量を決定します。このときの各企業の生産量を**シュタッケルベルク均衡点**といいます。

企業 A の利潤を示す関数 $P_A = (60 - X_A - X_B) \times X_A - C_A$ に，企業 B の反応関数 $X_B = \frac{1}{2}(60 - X_A)$ を代入すると（今回も C_A は無視します），

$$P_A = \{60 - X_A - \frac{1}{2}(60 - X_A)\} \times X_A = -\frac{1}{2}X_A^2 + 30X_A$$

利潤最大を求めるため，これを微分したものを 0 として（利潤が最大となる頂点の座標から求めても構いません），

$$-X_A + 30 = 0 \quad X_A = 30$$
$$X_B = (60 - X_A) \text{ より } X_B = \frac{1}{2}(60 - 30) = 15$$

また市場における価格は，$p = 60 - X_A - X_B = 15$ と決定されます。

10-3 独占的競争

(1) 独占的競争の性質

独占的競争市場は完全競争市場に近いものですが，各供給者が扱う財が完全競争市場ほど完全に代替的ではない点で異なります。供給者は財を差別化しますが，その方法は様々で**図10-9**のようになります。

このような差別化を行う理由は，非価格競争にあります。広告を通じアピールすることで，他の商品と異なることを消費者に訴えることができれば，消費者がその違いを認識し，同様の商品より高い価格を支払うかもしれません。そ

図10-9 独占的競争における差別化の例

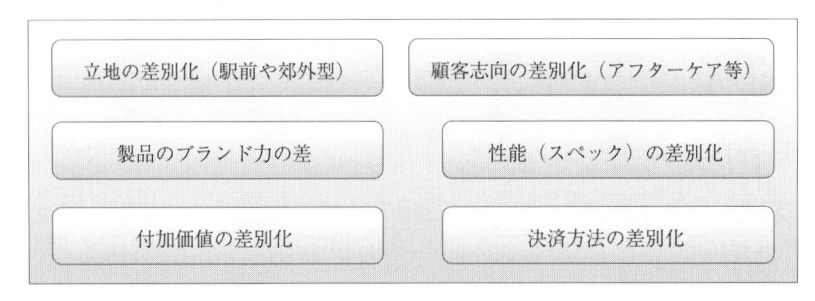

立地の差別化（駅前や郊外型）	顧客志向の差別化（アフターケア等）
製品のブランド力の差	性能（スペック）の差別化
付加価値の差別化	決済方法の差別化

のため独占的競争を行う企業の広告費は多くなります。企業側は消費者が他の商品を選択しない範囲において，価格の上乗せができます。その一方で，価格競争をしかけ価格を下げても，商品が差別化されていることから，他の供給者から顧客を奪いにくいともいえます。

このように価格競争をしかけても他の供給者に影響を与える可能性が低いことを，相互依存性が低いといいます。ここが複占や寡占との違いです。また商品の差別化が，他の企業の参入を防ぐほどのものではないことから，競争的な面も存在します。

(2) 独占的競争の考察

では独占的競争における均衡を考えてみましょう。**図10-10**は**図9-6**をもとにしたものですが，独占的競争にある企業のグラフと考えてください。企業の利潤が最大となるのは（限界収入）＝（限界費用）でしたから，点Fにおける供給量のときです。すると点Gにおける価格をつけますが，このとき第7章で学んだ短期の平均総費用曲線とGFとの交点HがGより下であれば当該企業は利潤を得ます。そのとき利潤は最大で，（供給量）×｛（価格）−（平均総費用）｝が利潤ですから，その大きさは**図10-10**の長方形の部分になります。

しかし独占や複占，寡占との違いは，ここで参入障壁の低さによる影響を考えねばならないことです。(1)で述べた通り，独占的競争における差別化は他の企業の参入を妨げるほど高度なものではありません。利潤が生まれる市場には，他の企業が参入してきます。他の企業が参入してくると顧客が他の企業に奪わ

図10-10 短期における独占的競争企業の利潤

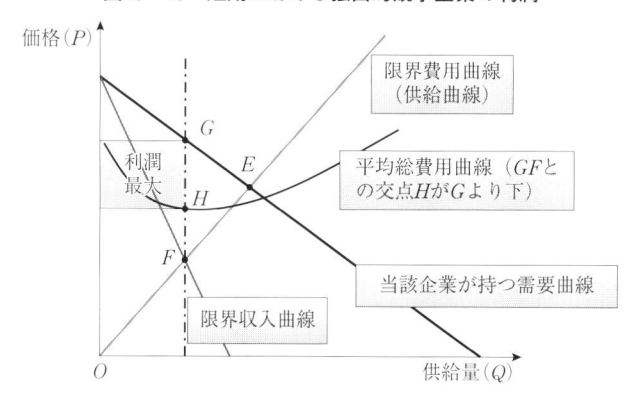

図10-11 時間が経つにつれ独占的競争企業の利潤が減少

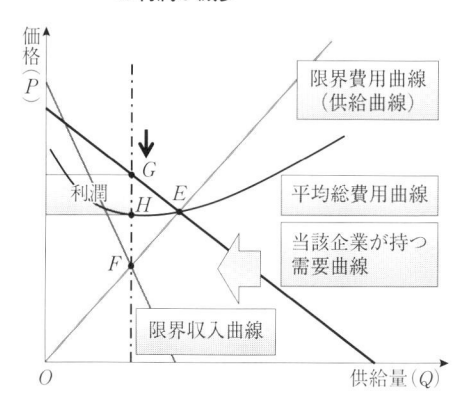

れます。つまり、**図10-10**におけるこの企業が持つ独自の需要曲線 GE は**図10-11**のように徐々に左へシフトしてきます。すると点 G は次第に下方向へ移動し、それに伴い当該企業の利潤は減少していきます。そしてすべての企業の G と H が重なるとき、利潤が0となり、このとき長期の均衡に達します。

また当然のことながら**図10-12**のように G が H より下にある場合、当該企業は損失を被りますが、この場合は当該市場に参加する企業は時間が経つにつれ撤退していきます。つまり競合の撤退により、残存者利益的にこの企業が持つ需要曲線は徐々に右へと移動し、やはり長期的な均衡に達すると考えられま

図10-12 短期における独占的競争企業の利潤
（損失発生の場合）

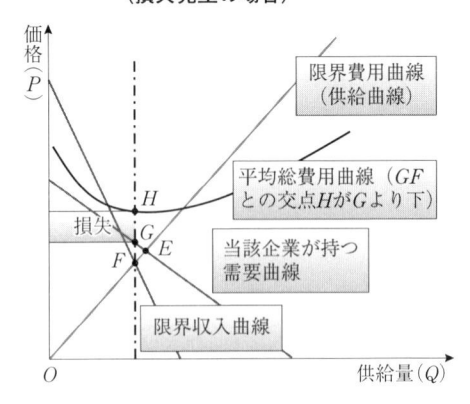

す。

　これらからいえることは，独占的競争にある企業は，短期的には利潤を得る可能性がありますが，市場への他の企業の参入が容易であることから，長期ではその利潤が失われるということです。つまり常に商品を差別化しないと生き残れないということであり，独占的競争が発生しやすい市場では，市場への新規参入と市場からの撤退が頻繁に行われるという特徴を挙げることができます。

10-4　課　題

　第10章では，寡占と独占的市場について学びました。寡占では，相互依存行動により，他社の行動の結果，自社の意思を戦略的に決定するという点が独占と違います。それゆえ独占のようにモデル化がしづらい困難性が伴いますが，そこは他社の行動が不変と仮定することによって解決ができました。実際には現実的ではありませんが，理論をもとに現実の社会に応用するという点では，そのきっかけになるものと考えます。

　独占的競争では企業の参入が容易であることから，長期的には利益が失われること，その結果，市場への参入と市場からの撤退が頻繁に行われることを学びました。こちらはモデルにより明確に理解できたことと思います。

次章では，寡占で触れた戦略的な意思決定に焦点を当てるゲーム理論を扱います。市場に関する理論については一旦区切りとなりますが，ゲーム理論も市場に深くかかわる内容ですので，ここまでの内容をもう一度復習しておいてください。

【課　題】

1. 市場が複占状態にある中で，pを価格，市場全体の需要関数を $X = 60 - p$ とします。いま企業Aと企業Bの費用関数をそれぞれ $C_A = 2X_A$，$C_B = X_B + 15$ とするとき次の問いに答えよ。
   (1) 2社の反応関数を求めよ。
   (2) 均衡点における2社の生産量と市場価格，および利潤を求めよ。
2. 1.において，企業Aが先導者とした場合のシュタッケルベルク均衡における2社の生産量と市場価格を求めよ。

【解　答】

1. (1) $X_A = (58 - X_B)$　　$X_B = (59 - X_A)$
   (2) $X_A = 19$，$X_B = 20$，$p = 21$，$P_A = 361$，$P_B = 385$
2. $X_A = \dfrac{57}{4}$，$X_B = \dfrac{179}{8}$，$p = \dfrac{187}{8}$

【解　説】

1. (1)

逆需要関数を p について解くと $p = 60 - X$ であり，$X = X_A + X_B$ であることから $p = 60 - X_A - X_B$ …① となる。

ここでA社，B社それぞれの利潤を P_A，P_B とすると，

$$P_A = p \times X_A - C_A \quad P_B = p \times X_B - C_B$$

であり，①と費用関数を代入し

$$P_A = (60 - X_A - X_B) \times X_A - 2X_A$$
$$P_B = (60 - X_A - X_B) \times X_B - (X_B + 15) \quad \cdots ③$$

それぞれの式について利潤を各企業の生産量で偏微分して0とおくと，それぞれ

$$58 - X_B - 2X_A = 0 \qquad 59 - X_A - 2X_B = 0$$

となる。それぞれの式から，X_A と X_B について解くと，

$$X_A = \frac{1}{2}(58 - X_B) \qquad X_B = \frac{1}{2}(59 - X_A) \quad \cdots ②$$

である。

(2)

　これを解いて $X_A = 19$, $X_B = 20$ と求めることができます。①に代入して $p = 21$ であり，③にも代入すると $P_A = 21 \times 19 - 2 \times 19 = 361$, $P_B = 21 \times 20 - (20 + 15) = 385$ と求めることができます。

2.　企業Aが先導者であれば，企業Aは自らの生産量に対する企業Bの反応を考慮して生産量を決定するため，企業Aの利潤を示す関数 $P_A = (60 - X_A - X_B) \times X_A - 2X_A$ に，企業Bの反応関数 $X_B = \frac{1}{2}(59 - X_A)$ を代入すると，

$$P_A = \{60 - X_A - \frac{1}{2}(59 - X_A)\} \times X_A - 2X_A = -X_A^2 + \frac{57}{2}X_A$$

利潤最大を求めるため，これを微分したものを0として

$$-2X_A + \frac{57}{2} = 0 \qquad X_A = \frac{57}{4}$$
$$X_B = \frac{1}{2}(59 - X_A) \text{ より } X_B = \frac{1}{2}(59 - \frac{57}{4}) = \frac{179}{8}$$

また市場における価格は，$p = 60 - X_A - X_B = \frac{187}{8}$ と決定されます。

第11章　ゲーム理論——ゲーム理論の寡占市場への応用

ゲームの本質は，偶然性によりもたらされた事象と必然的に起こる他のプレイヤーの行動，そして非効率性がもたらすノイズ，主にこの3つに対処するための戦略の学問である。

11-1　ナッシュ均衡と囚人のジレンマ

(1) ナッシュ均衡

　ゲーム理論の中でも，経済学に利用される最も有名で基本的なものは，ナッシュ均衡の寡占（複占）市場への応用です。ナッシュ均衡とは，これから学ぶゲーム理論において最も基本的な均衡概念で，すべてのプレイヤーが互いに相手の行動を考えながら，自身の利益を最大化する戦略を取ったときに成立する均衡状態をいいます。

●本章のポイント

　ゲーム理論とは，複数のプレイヤーが互いに影響を及ぼす状況で，他のプレイヤーの行動を予測し，それぞれが自らの利益を優先に考え意思決定を行う考え方のことをいいます。ゲーム理論とは，第10章で少し学んだ戦略的な行動を学ぶ学問というようにとらえてください。よってこの章で学ぶゲーム理論は，経済学に限ったことではありませんが，正確にはゲーム理論を経済学に応用するという形になります。

　この本では数多くあるゲーム理論の中でも有名なものや経済学や社会一般に関係するものを紹介します。学習者が自ら自身の所属する社会や企業，学校等での出来事に応用することを考えていただければ幸いです。

表11-1　企業A, Bの行動とそれぞれの企業が得られる結果の予想①

企業Aの行動＼企業Bの行動	値上げ	現状維持
値上げ	A15　B7	A12　B8
現状維持	A20　B6	A10　B10

　では再び第10章と同様に複占市場を考えてみましょう。第10章にて「寡占企業の行動」では価格の値上げや値下げについて屈折需要曲線を考えましたが，ここでは戦略性を重視して説明します。

　いま複占市場にて企業Aと企業Bの2社が存在していたとします。互いに扱う製品の値上げを行うか，値上げをしないかを考えています。第10章では，寡占市場においてある企業が値上げを行えば，他の企業は追随するとは限らず，静観することで値上げ企業から顧客を奪うことを考えるかもしれないと述べました。ここでも企業A，企業Bがお互いに相手と自社の戦略の組合せで，次のような予想をしていたとします。

　この表の見方ですが，縦軸は企業Aの行動を，横軸は企業Bの行動を示します。そして中の数値は企業Aと企業Bの行動の組合せである4パターン，それぞれの場合が起こったときに企業A，企業Bが得られる数値を示しています。例えば2社がともに値上げに踏み切った場合は，企業Aは15，企業Bは7の結果を得るという具合です。そして2社ともこのような結果を予想できているとしましょう。

　ではこのような状況下で，皆さんが企業Aであれば値上げをするほうがいいでしょうか，それとも現状維持のほうがいいでしょうか。企業Bの立場であればどうでしょうか。

　このような場合，まず相手企業が値上げした場合，現状維持の場合という具合に場合分けをして考えます。企業Aの立場であれば，企業Bが値上げをすると考える場合，自社も値上げを行えば15，しかし自社は値上げを行わず現状維持のままであれば20得られます。つまりこの場合は現状維持のほうがいいこ

とになります。企業Bが現状維持の行動を取ると考える場合は，自社は値上げを行えば12，現状維持のままであれば10となり，この場合は値上げを行ったほうがいいと考えられます。つまりこの場合は**企業Aが取るべき戦略は企業Bの行動に依存している**といえます。

では企業Aは企業Bの行動を適当に予想するしかないのでしょうか。今度は企業Bの立場で考えましょう。企業Aが値上げをすると考える場合，企業Bは値上げをすれば7ですが現状維持で8得られます。つまり現状維持を選択したほうがいいようです。では企業Aが現状維持のままであると考えます。すると企業Bは自社が値上げすれば6，現状維持では10を得られ，この場合も現状維持のほうがいいことになります。このように企業Aの行動にかかわらず企業Bが有利になる選択が決まっている場合，**「現状維持」が「値上げ」を支配する**といいます。またこの場合の現状維持の行動を企業Bにとっての**支配戦略**といいます。

先ほど企業Aは企業Bの行動に依存して戦略を決定することを確認しましたが，企業Aは企業Bの立場になって考えれば「企業Bが現状維持を選択する」ということがわかりますから，その結果，企業Aは値上げの戦略を取ることが決定できるでしょう。このように企業Bの行動から企業Aの戦略は決定されましたが，これを**最適戦略**といいます。

また企業Bは企業Aの行動が値上げとわかっても，自社が得られる数字を考えれば，先ほど決定した現状維持という戦略を変更するような動機は生まれません。この状態で，企業Aと企業Bの戦略はともに確定しました。このような戦略を変更しようとしない状態を第10章でも出てきたクールノー・ナッシュ均衡（または単にナッシュ均衡）といいます。確かに第10章の場合においても，ナッシュ均衡点から数値を変更する動機は生まれません。

なおこのような戦略の結果得られる数値を**利得**（payoff）といい，また**表11-1**の得られる数値をm×nの形で示したものを**利得行列**（payoff matrix），このような表による表記を**11-3**で説明する展開型に対し**標準型**（normal form）といいます。

表11−2　囚人のジレンマの表

囚人Aの行動＼囚人Bの行動	黙　　秘	自　　白
黙　　秘	A7　　　B7	A0　　　B10
自　　白	A10　　　B0	A4　　　B4

(2) 囚人のジレンマ

　(1)ではうまい具合にナッシュ均衡が成立しました。しかしすべての場合で，このような均衡状態になるわけではありません。企業A，Bの話に入る前に，「囚人のジレンマ」について述べます。

　ある事件で2人の共犯者AとBが捕まったとします。この2人は別々の部屋で取り調べを受けることになりました。なかなか自白をしない2人に検察は，それぞれに次のような取引を持ちかけました。

　① 2人とも自白せず黙秘を貫けば検察は3年の求刑（7）を行う。
　② 片方が自白をし，もう片方が黙秘を貫いた場合は，自白をしたほうは協力したことから無罪（10），黙秘をしたほうは無期懲役（0）にする。
　③ 2人とも自白した場合は，2人とも検察は10年（4）の求刑を行う。

　いま（　）内のように，2人の囚人A，Bが感じる効用を仮の数字で示しました。すると表11−2のようになります。

　この場合，どのような結果が起こるでしょうか。2人とも黙秘をしたほうが3年の求刑で済むにもかかわらず，結果は2人とも自白をしてしまいそれぞれ10年の求刑を受けます。その理由は2人とも，互いに相手に対し疑心暗鬼を覚えるのと同時に，無期懲役になりたくないという心理からです。「囚人のジレンマ」とはこのような例をいいます。

　では，この囚人のジレンマの表をそのまま複占市場の2つの企業に当てはめましょう。(1)と同様に企業Aの立場では，企業Bが値上げすると予想しても，現状維持のままと予想してもともに自社は現状維持のほうが高い数値を得られるため，現状維持が企業Aにとっての支配戦略になります。では企業Bの立

表11-3 企業A, Bの行動とそれぞれの企業が得られる結果の予想②

企業Aの行動＼企業Bの行動	値上げ	現状維持
値上げ	A7　　B7	A0　　B10
現状維持	A10　　B0	A4　　B4

場ではどうでしょうか。やはり同様に現状維持が支配戦略になります。

つまりクールノー・ナッシュ均衡は、「企業A、企業Bともに現状維持を選択」することとなりますが、もし2社が示し合わせて値上げをすればともに結果が4から7に上がります。しかしこのようなカルテルは続きにくいものです。囚人のジレンマと同様に、片方の企業が価格を元に戻せば、その企業は7ではなく10を得られるからです。しかしそうするともう片方も価格を元に戻し、結果としてともに4しか得られない状況に戻ります。まさに「囚人のジレンマ」ならぬ「寡占のジレンマ」です。

11-2 立地ゲーム

(1) 複占状態における販売立地決定への応用

複占状態においては、販売者はその立地も考慮しなければなりません。ここでは「ホテリングのビーチにおけるアイスクリームベンダー問題」(Hotelling's, "ice cream vendor on the beach" problem) を紹介します。

皆さんは同じものを売っている屋台やお店が一箇所に集中している光景を見たことがあるでしょうか。同じルートを飛ぶ異なる2つの航空会社の路線の出発時刻が、近い時間帯に設定されているようなことを不思議に感じたことはないでしょうか。

これらの現象は、様々な要因で決定されていますが、いまから紹介する内容もその原因の1つかもしれません。

いま2人のアイスクリーム売りAとBが海辺のビーチで商売をしようとし

図11-1 ビーチのどの位置で販売するのがよいか？

A?　　　　　　　　　　B?

ています。2人は同じ価格で同じものを扱っており，価格を変更することは禁じられています。しかしこの一直線の有限な範囲のビーチの中ではどこで売ってもいいとされているとしましょう。また顧客に関しては，この有限なビーチに均等に散らばっていて，最も近いアイスクリーム屋台からアイスクリームを購入するとします。

このとき2人はビーチのどの位置で販売すると最も売上を伸ばすことができるでしょうか。

(2) 販売立地に関する解答

AがBより左に位置すると仮定して，図11-2のようにAがすでに立地を決めてしまっている場合，Aはその左側のすべての顧客に販売をすることができます。このときBはどこに位置すればよいかというと，Bはその右側のすべての顧客とBの左側はAB間の中点までの顧客に販売することができます。よってBはAに近づけば近づくほどAの顧客を奪うことができますから，この場合BはAの真横で売ることが最適戦略となります。

これはAについても同じことがいえ，やはりBの真横で売ることが最適戦略です。結論として，A, Bともにビーチの真ん中で販売することがお互いにとっての最適戦略を満たすことになり，図11-3がナッシュ均衡といえます。よって解答は，ビーチの真ん中で隣り合って販売するというものです。

このような内容は，政党の戦略にも応用できるといわれています。二極対立するイデオロギーに対し，どちらかに偏った考え方を示すよりは，その真ん中に近いものを示すといった具合です。このホテリングの問題も日常生活に幅広く応用できます。

図11-2　Aがすでに立地を決めてしまっている場合

BはAに近づけば近づくほどAの顧客を奪うことが可能

図11-3　ビーチの真ん中で隣り合って販売

11-3　参入阻止ゲーム

(1)　展開型ゲーム

11-1では，2つの企業（プレイヤー）が相手と同時，または相手の行動がわからない状態で戦略を決定していました。それとは異なり，相手がどういう行動を取ったかを知った上で自社の戦略を決定するという場合も存在します。このような行動の決定に時間的順序を考える場合を展開型ゲームといいます。

展開型ゲームでは，ゲームの木と呼ばれる図を用います。この標記を展開型（extensive form）といいます。**表11-1**を企業Bを先の行動として展開型にしたものを**図11-4**に示しました。

図11-4のように，展開型では点で示されるノード（要素を示す示点）と2点を結ぶ枝で作成されます。ノードは途中の状態でゲームの局面であり，枝は企業（プレイヤー）の意思や偶然で選択され，ノード間を移動します。最後の枝が出ていない頂点はゲームの終了局面で結果が示されています。

(2)　参入阻止ゲーム

ではここで独占企業（または寡占企業の集合）Aが支配している市場に対し，新規企業Bが参入するといった例を考えましょう。この場合，Bは参入するか否かの戦略を選択し，AはBの行動に対し値下げで対抗するかどうかの戦略を取ります。

図11-4　ゲームの木（展開型）の例

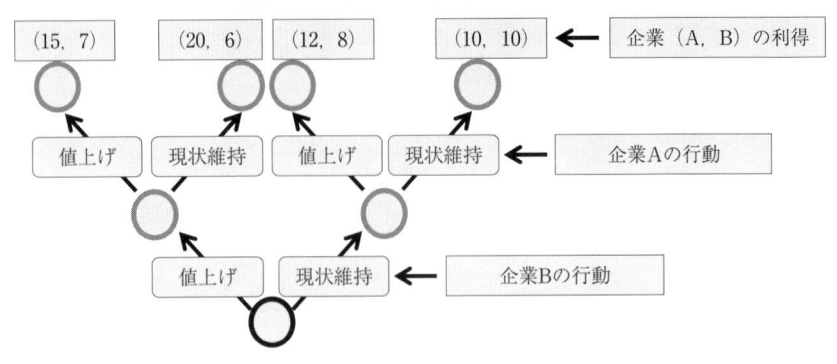

(15, 7)　(20, 6)　(12, 8)　(10, 10)　← 企業（A, B）の利得

値上げ　現状維持　値上げ　現状維持　← 企業Aの行動

値上げ　現状維持　← 企業Bの行動

　Aはいままで20の利得を得ていました。Bが参入しなくとも値下げをすれば利得は15となります。しかしもしBが新規参入するとすれば，Aの利得は10に減ります。またAが値下げにより対抗措置を取ればAの利得は5になるとします。

　Bは新規参入しなければ利得は0ですが，新規参入することで5の利得が得られます。しかしAが値下げにより対抗してきた場合は－1の利得になります。

　この状態をゲームの木で示したのが**図11-5**です。この図からAはBの行動を見て戦略を決定できますが，この場合は参入の有無にかかわらず，値下げを行わないほうが賢明であることがわかります。

　次にBは自社が参入してもAが現状維持を貫くことがわかりますから，マイナスの利得の心配なく参入を選択できます。

　図11-6はAとBの順番を入れ替えました。この場合，AがBの参入を予見し低価格戦略に変更をするか，それとも現状のままの戦略を取るかということになります。

　BはAが低価格戦略を取った場合は参入しませんが，Aが現状のまま販売を続けている場合は参入するといえます。

　ここでAはどのような行動を取ればいいでしょうか。現状のままでしたらBは参入してきて，その結果，利得は20から10になります。しかし低価格戦略

図11-5　参入阻止ゲームにおけるゲームの木

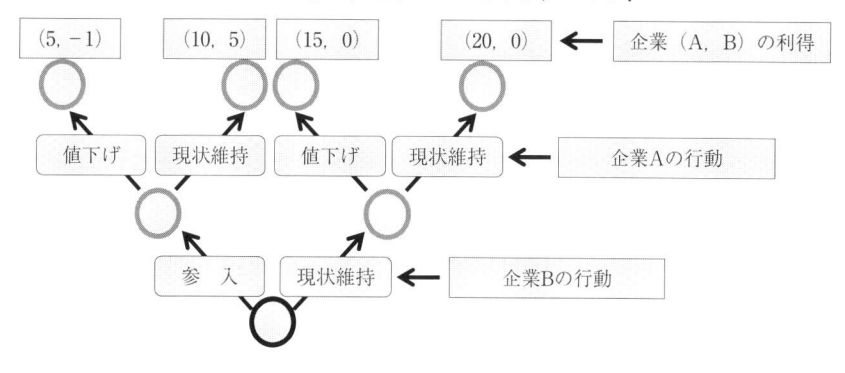

(5, -1)　(10, 5)　(15, 0)　(20, 0)　← 企業（A，B）の利得

値下げ　現状維持　値下げ　現状維持　← 企業Aの行動

参　入　現状維持　← 企業Bの行動

図11-6　ゲームの木（展開型）の例

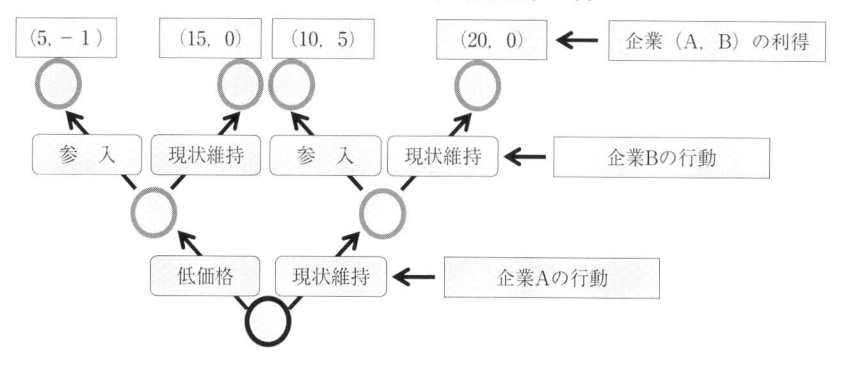

(5, -1)　(15, 0)　(10, 5)　(20, 0)　← 企業（A，B）の利得

参　入　現状維持　参　入　現状維持　← 企業Bの行動

低価格　現状維持　← 企業Aの行動

に変更すればBは参入しませんので，Aは15の利得を維持できます。つまりAは低価格戦略を取るべきだといえます。

図11-5のBや，**図11-6**のAの立場のように，後の行動を取るほうから考えて自分の戦略を決定する解き方をバックワード・インダクション（backward induction）といいます。

11-4　課　題

第11章では寡占市場における企業の戦略について，ゲーム理論というアプロ

ーチから考えてみました。企業間競争においても，個々の企業は市場というゲームのプレイヤーといい換えることができます。もちろん実際には効率性だけで行動が決定される場面は多くありませんが，ナッシュ均衡となる場面は数多く存在します。ここでは「囚人のジレンマ」や「ホテリングのビーチにおけるアイスクリームベンダー問題」，「新規参入ゲーム」を扱いましたが，市場に応用できるゲーム理論は数多く存在します。

次の章では，ゲーム理論に関連する知識として，現実社会において重要な要素である確率と期待値を含めた考え方も紹介します。また寡占のジレンマの状況を繰り返す場合を扱いますので，この章の内容をもう一度読み返しておいてください。

【課　　題】

1. 同一地域において，2つのスーパーAとBが出店を予定しているとする。それぞれのスーパーは相手の出方により，出店後の損益状況を以下の表のように見積もっており，またこの表の情報はお互いに知っているものとする。この状態において，各スーパーは出店を行うべきであろうか。スーパーAとBのそれぞれについて，出店すべきか否かの行動の均衡状態を答えよ。またその理由を「支配戦略」と「最適戦略」という言葉を含めて150字程度で簡単に説明せよ。

スーパーA ＼ スーパーB	出店する	出店しない
出店する	A 赤字　B 黒字	A 黒字　B 損益なし
出店しない	A 損益なし　B 黒字	A 損益なし　B 損益なし

2. いまJ社とA社の2つの航空会社がH空港とK空港を結ぶ路線を設定しようとしている。H空港の離陸可能時間は9時から21時であり，H空港を利用する乗客はこの時間の間，均等に存在するとし，また早い遅いにかかわらず自分が利用しようと思っている時間帯に最も近い離陸時間の航空会社を選ぶとする。航空運賃をはじめ，2社のすべての価格やサービス，その他は

同質のものとしたとき，この2社にとって最適戦略となる離陸時間は何時何分であろうか。「ホテリングのビーチにおけるアイスクリームベンダー問題」の考え方に従い答えよ。

なお，この空港における離陸時間の間隔は最低10分とし，この2社の時間選択に優劣は存在しないものとする。

【解　答】
1. Aは出店せず，Bは出店するという戦略が均衡状態となる。
　（理由）　AからBの行動を考えた場合，AはBの行動に依存する。しかしBからAを見ると，出店することがBにとっての支配戦略となる。するとBが出店することから，Aにとっては出店しないことが最適戦略となり，Aが出店しない場合もBは出店するという戦略を変えないことから均衡状態となる。(133字)
2. 14時55分と15時05分

【解　説】
1. AはBがこの地に進出するとすれば，自社も進出すれば赤字（表の左上）で進出しなければ損益なし（表の左下），よってこの場合は自社は進出しない。しかしBが出てこないとなると，自社が進出すれば黒字（表の右上）で進出しなければ損益なし（表の右下），よってこの場合は進出する。以上よりAはBの行動に依存することになる。

　次にBはAがこの地に進出するとして，自社も進出しても黒字（表の左上）で進出しなければ損益なし（表の右上），よってこの場合は自社も進出する。さらにAが進出しないとなると，自社が進出すれば黒字（表の左下）で進出しなければ損益なし（表の右下），やはりこの場合も進出する。つまりここでBにとってはAの行動に関係なく「進出する」ということで，進出することがBにとっての支配戦略となるわけである。

　するとAは，Bが進出する場合，自社は進出しないを選択する。Bの行動からAの最適戦略が決定された。

もう一回Bを見ると，Aが進出しなくてもBは黒字なので「進出する」という戦略を変えることはありません。この状態で，企業Aと企業Bの戦略はともに確定し，均衡状態になった。
2.　「ホテリングのビーチにおけるアイスクリームベンダー問題」におけるビーチの距離としての間隔を，時間の長さに置き換えただけの問題である。2社がともに最適戦略となるのはちょうど真ん中で離陸時刻を設定するときであり，15時となるが，離陸間隔が10分のため，前後5分ずらした。

第12章　ゲーム理論——不確実性下における戦略

不確実性を考慮することで生きた経済学にする。

12-1　繰り返しゲームと囚人のジレンマ

(1) 無限の繰り返しゲーム

　第11章では囚人のジレンマを学びました。囚人のジレンマでは，互いに相手に対し疑心暗鬼を覚えるのと同時に，無期懲役になりたくないという心理から，ともに自白（裏切り）をするということを確認しています。そしてこのことは寡占においても当てはまりました。お互いに値上げをして7という利得を得る協調の約束をしても，結果として相手が裏切れば相手の利得は10，自分の利得は0となり，囚人のジレンマと同様に両企業とも現状維持（裏切り）を選択し，4の利得となりました。つまり裏切りが合理的行動となります。ここでは1回限りのゲームの場合は，この裏切りが合理的行動であることを前提として話を

> ●本章のポイント
> 　第11章では他のプレイヤーの行動を予測し，自らの利益を最大にする状況，または両者の最適な状態を考えてきました。しかし，そのような戦略にも1回限りで終わるものと継続して何度も繰り返すものが存在します。また相手の出方がわからない場合はどうすればいいのでしょうか。
> 　この章では，第11章の内容を踏まえ，もう少し考える幅を広げてみました。決して難しくなったわけではありませんので，落ち着いて読み進めてください。

進めていきます。

　ではここで企業A, Bともに，価格の決定が1年ごとになされるとしましょう。そして企業AとBは最初の話し合いの際，1度でも相手が裏切って値上げした価格を元に戻せば以後は自社も毎年値上げをしない，という意思を互いに確認したとします。この場合も寡占のジレンマと同じ結果が起こるでしょうか。

　実はこのように，第1回目は協調し，以後は相手も協調し続ける限り自社も協調し，一度でも相手が裏切ったら，それ以降は自社も裏切るという戦略を**トリガー戦略**といいます。

　相手の行動の履歴がわかっていて，このトリガー戦略を取る場合，実はAもBも裏切ることはありません。その理由は，例えば1年目はともに協調するとして，Aの利得は7，2年目にA社が裏切るとそのときの利得は10になります。しかし3年目以降，B社はトリガー戦略により裏切りを続けますから，A社は協調しようが裏切ろうが多くて4の利得しか得られないことになってしまいます。このことはB社も同じです。

　　　協調を続ける場合：　7＋7＋7＋7＋7＋……
　　　2年目で裏切る場合：7＋10＋4＋4＋4＋……

　つまり利得の合計は，1年目から順に協調を続ける場合は，7，14，21，28，35……，と7ずつ増えていくのに対し，2年目に裏切る場合は，7，17，21，25，29……，となってしまい，4年目以降は協調を続ける場合に比べて合計の利得が少なくなっていきます。

　なおトリガー戦略以外にも，オウム返し戦略という相手の前回の行動と同じ行動を取るという戦略もあります。

(2) **有限の繰り返しゲーム**

　では，皆さんは**表12-1**の利得が設定されている場合，互いにトリガー戦略を取り続ければ，4年以上の期間が設定された約束ならば，A社もB社も裏切らないと考えるかもしれません。しかし(1)では無限の繰り返しに対し，有限の繰り返しでは毎回，寡占のジレンマと同様の裏切りが発生するということを

表12-1　企業 A, B の行動とそれぞれの企業が得られる結果の予想

企業Aの行動＼企業Bの行動	値上げ価格（維持）	元の価格（裏切り）
値上げ価格（維持）	A7　　　　B7	A0　　　　B10
元の価格（裏切り）	A10　　　　B0	A4　　　　B4

説明します。

　例えばこの協調が7年間という約束で，それ以降はお互いに何の利害関係も発生しないとします。すると最後の7年目はどういう行動を取るでしょうか。実はこの最後の年は寡占のジレンマと全く同じ状況です。後のことを考えなくてもいいわけですから，互いに裏切ります。すると6年目はどうでしょう。7年目が裏切ることがわかっているわけですから，以後の7と4の差を考える必要はなく，その結果，ここで協調する理由はありません。つまり6回目も裏切ります。このように5回目，4回目，……と同様の裏切りが発生します。

　このようにトリガー戦略は有限回では効果を発揮しないことがわかります。

(3) アイスクリームの分割交渉問題

　(2)で見たように，後ろから考えていく方法で次の有名な問題を解いてみましょう。いま大きさが3のアイスクリームがあり，A と B の2人がその分割の交渉をしています。まずは A から分割方法について提案し，B が合意すればこの提案で分割します。しかし B が拒否すれば提案者を交代し，今度は B が分割方法について提案，以後同様のルールが適用されるものとします。ただしアイスクリームは，提案者が交代するたびに1ずつ溶けて小さくなるものとします。この場合のナッシュ均衡はどうなるでしょうか。

　まず確認すべき点は，アイスクリームの大きさであり，1回目（A が分割方法を提案）では3，2回目（B が分割方法を提案）では2，3回目（A が分割方法を提案）では1，この3回目で B が拒否すればアイスクリームはなくなるということです。

では3回目の交渉を考えましょう。ここでBは拒否することはありませんから、Aは取り分1（Bの取り分は0、本来は0では納得しないかもしれませんが、0にきわめて近い大きさという言い方のほうが正しいかもしれません）を提案することが最適でナッシュ均衡です。

2回目の交渉ではBによるBの取り分の提案yに対し、Aは拒否をすると3回目でAは1の取り分を得ることができます。つまりAの取り分となる$2-y$が、$2-y\geq1$ならば同意します。このAが同意する条件$2-y\geq1$はBにとっては$y\leq1$であり、1の取り分は確保できていることになります。

1回目の交渉ではAの取り分の提案xに対し、Bは拒否しても2回目の交渉で1の取り分は確保できますから、$3-x\geq1$がBの同意の条件になります。つまりこのとき$x\leq2$となります。

Aは2回目の交渉以降は1の取り分が最大であるので、このことから1回目の交渉で2の取り分を提案することが最適であり、以上からAが2、Bが1という結果を導くことができます。

12-2　不確実性とリスクプレミアム

(1)　確率と確率変数

ある現象が起こる度合いや割合のことを**確率**（probability）といいますが、その確率により該当する結果の数値を**確率変数**（random variable）といいます。例えばサイコロを1回振った場合の出目について、確率変数は1から6となり、そのそれぞれの目に対し確率1/6が対応します。

この確率について、数学で期待値を学んだと思いますが、現実の現象ではこの期待値の数値がそのまま適用されるわけではありません。その理由を説明する前に、簡単に期待値を振り返っておきます。

ある交渉において次の2パターンが考えられるとします。大きな会社を相手にしていて交渉がまとまれば1,100万円の利益を得られますが、全く同じ競争条件の競合他社が1社存在し、この交渉が成功する確率は1/2です。一方で交渉成立の場合の利益は500万円とさほど大きくない会社を相手にした場合は、

必ず交渉は成功するとします。

これが皆さんの担当する案件であればどちらを選択するでしょうか。数学で学んだ期待値では，(期待値)＝(確率)×(確率変数)ですから，前者の期待値が1/2×1,100万円で550万円，つまり平均的に1回あたり550万円得られると考えます。後者は期待値が1×500万円で500万円となり，前者を選ぶということになります。

(2) リスクプレミアム

しかし経済学では，後者を選ぶという選択肢もありえます。経済学だからこそ，数値で計算された前者を選ぶのではないかと疑問を持つかもしれませんが，そこには経済学ならではの考え方が存在するのです。

今度は先ほどと少し数値が違う次のような例で考えましょう。あなたがいま①1回勝負（あいこはもう一度勝負する）でジャンケンに勝てば1,100万円得られるというゲームをするか，それとも②いま確実に550万円をもらうかのどちらかを選択しなければならないとします。するとこの場合はおそらく多くの方が②を選ぶと思います。その理由は不確実性がある場合の期待値550万円と確実に手に入れられる550万円であれば，確実なほうを好むという**危険回避的**（risk avert）な思考を持つからです。

では②の確実な金額が540万円になればどうでしょうか。それでも②を選ぶ人が多いかもしれません。では530万，520万円，……，450万円ではどうでしょう。このように②の確実に得られる金額を下げていって，仮に480万円になったとき，はじめて①と②の選択の決定が難しくなった（無差別になった）とします。つまり不確実性のある550万円と確実に得られる480万が同価値ということです。

このときの期待値550万円と480万円の差額70万円を**リスクプレミアム**（risk premium）といいます。一般的にリスクプレミアムとは，リスクのある投資に対して投資家がそのリスク分に対して要求する超過収益と説明されます。

つまり(1)の選択は，上記のようなリスク回避的な思考を持つ人であれば，480万円以上であれば確実なほうを選ぶということになります。このように単

純な期待値だけで判断しないこともあります。

12-3 マックスミニ戦略とミニマックス戦略

(1) マックスミニ戦略

　最後に戦略の決定として，1つの判断基準を紹介しておきます。次のような例を想定してください。

　ある企業が海外販路の拡大を考え現地の営業所の拡充を計画していますが，その国は政治的なリスクが大きく5年以内にテロが起こる可能性があるとします。テロが起こると原材料の輸送やその国の経済状況の変化から，今後5年間の利益が**表12-2**のように想定されるとき，この企業はどのような判断を行うでしょうか。

　ここで最悪の場合を避けようとする戦略をマックスミニ戦略（最小利得の最大化）といいます。海外営業所を拡充しようと考えた場合，テロが発生すれば－20の結果が考えられ，現状維持では－10の結果で済みます。つまりこの場合は海外営業所の拡充したときの30が得られる可能性をあきらめて，現状維持を選択するということになります。

　このようなマックスミニ戦略の概念のわかりやすい例としてよく用いられるのが，ケーキの切り分け問題です。ケーキをAとBの2人が分けるとき，Aが切り分け，Bが先に選ぶというものです。Aは片方を大きくしてそれを自分が得たいのですが，切った後に先に選ぶのはBですから，大きいほうを取られてしまうことがわかります。よって自分のケーキが小さくならないように，できる限り差が出ないよう均等になるように切り分けるというものです。

(2) ミニマックス戦略

　代替案の最悪の場合を考え，それらの中から後悔が最も少ない案を選ぶ戦略をミニマックス戦略といいます。最良の結果を考えるより，後悔しない選択をする点がポイントです。例えば**表12-2**の各数値について考えると，海外営業所の拡充を選択したにもかかわらずテロが発生した場合，この企業は－20と

表12−2　企業の海外営業所の拡大の例

企業の行動＼政治的リスク	テロが発生	テロは発生せず
海外営業所の拡充	−20	30
海外営業所現状維持	−10	10

表12−3　企業の海外営業所の拡大の例

企業の行動＼政治的リスク	テロが発生	テロは発生せず
海外営業所の拡充	10	0
海外営業所現状維持	0	20

−10の差10だけ後悔します。しかし海外営業所を現状維持のまま5年が経ち何も起こらなかった場合は逆に30と10の差20の後悔をしてしまいます。この後悔の度合いを表にしたのが**表12−3**です。

　この場合，後悔の度合いが少なくなるのは海外営業所の拡充を選んだ場合ですので，マックスミニ戦略とは逆の選択になります。

(3)　確率・期待値で考える

　しかし実際のテロの発生確率は，きわめて低いものです。よって(1)の判断も(2)の判断も適当ではないかもしれません。そこで確率を踏まえた考え方，つまり12−2で確認した期待値で考えます。

　歴史的な経緯か何かから，この国におけるテロの可能性が30％と想定されるとしましょう。すると海外営業所の拡充を行った場合の期待値は（**期待利得**ともいいます）$0.3 \times (-20) + 0.7 \times 30 = 15$，現状維持の場合は $0.3 \times (-10) + 0.7 \times 10 = 4$ となり，この確率を考えた場合は海外拡充を選択することになります。

　なお確率が計算しにくい場合が存在します。そのような場合，**ラプラス基準**という，すべての事象についてそのことが起こる確率が等しいとした場合の期待値で考えるものもあります。

12-4　課　　題

　この章では第11章で学んだ寡占のジレンマを繰り返し行う場合と，不確実性のもとでの戦略決定の基本をお話しました。特に相手が戦略的に行動すると想定するプレイヤーではなく，ランダムな自然現象や個人の意思ではないものなどでは，いくら相手の戦略を考えようにも確実な相手の出方はわかりません。このような状況において確率や期待値は非常に有効なものだといえます。

【課　　題】
1.　AさんBさん，Cさんが，上司であるAさんのおごりで食事をしていた。会計を済ませたAさんが，支払ったあとのおつりの4,000円について，部下のBさんとCさんに次のような提案をした。
　　A「このおつりの4,000円で簡単な交渉ゲームをはじめよう。まずBさんが4,000円のうち自分の取り分を決定し，残りを私に渡すという提案をする。私がそれを了解すれば，その分け前で決定し，Cさんの取り分はなしである。」
　　B「悪くない話ですね。でもそれならCさんがかわいそうかな。」
　　A「いや，そこでだ。もし私がその提案を拒否したら，Cさんに1,000円を渡し，今度は私が残りの3,000円のうち自分の取り分を決める。そしてBさんが納得すれば分け前はそこで確定し，残りをBさんのものとする。」
　　C「それならやはり私は分け前が少ないですね。」
　　A「まだ話は終わってないよ。ここでもしBさんが拒否したら，この3,000円もすべてCさんのものになり，このゲームは終了となる。」
　　C「なるほど，私は0円か1,000円か4,000円のどれかになるということですね。」
　　さて，このAさんの提案したゲームについて，Aさん，Bさん，Cさんのうち最も分け前が多いと考えられるプレイヤー，および最も分け前が少ないと考えられるプレイヤーは誰かを答えよ。
2.　Cさんの会社でリゾート建設の計画を進めている。このまま良い景気が続

けば高い利益が見込めそうである。上司であるAさんはぜひ進めるように主張するが，同僚のBさんはこのバブル経済はそろそろ崩壊するといい，損失が出ても手を引くように警告している。Cさんとしては，うまく理由をつけてBさんの意見を取り入れたい。

以下のような利益予想と世論の声により予想される確率が与えられているとして，上司のAさんに開発中止を進言するとすれば，マックスミニ戦略，ミニマックス戦略，期待値で計算する方法，ラプラス基準のうち，どれを用いて説得すればいいだろうか。

企業の行動＼景気	好景気継続	バブル経済の崩壊
世論の声による確率	0.9	0.1
リゾート開発	300	−600
リゾート開発中止	−100	−100

【解　答】

1. 最も分け前が多いと考えられるプレイヤー：Aさん，最も分け前が少ないと考えられるプレイヤー：Cさん。
2. 「マックスミニ戦略」または「ミニマックス戦略」「ラプラス基準」。

【解　説】

1. アイスクリームの分割問題を思い返せば，類似問題であることに気づく。ポイントは最後の提案者がこのゲームを持ちかけたAさんであり，Cさんには提案する権利も拒否する権利もないという点である。

まず2回目の提案ではBさんは拒否すれば0円になるので，Aさんはちさんが嫌がらせで拒否しない程度のお金をわたせばいい。それが100円か500円かは難しいが，本文のアイスクリームの分割問題と同様にここではきわめて0円に近いという意味で0円とする。つまりAさんは3,000円にきわめて近い取り分の提案をするのが最適である。

しかしBさんも，冷静になって考えれば，この2回目の交渉の結果を理

解できる。すると，1回目の提案においてAさんが拒否しない金額といえる，Aさんが2回目に得られる3,000円以上をAさんに残すよう提案せねばならない。つまり1回目のBさんの提案額は最大で1,000円となる。

　よってAさんは3,000円以上，Bさんは1,000円以下，Cさんは0円になるという結果が予想される。つまり上司であるAさんははじめからBさんに1,000円だけあげようと思っていたのである。なおCさんにとっては，最初から1,000円，4,000円のどちらももらえる可能性のないゲームである。

2.　マックスミニ戦略では，最悪の状況を想定すると，リゾート開発を進めれば-600となってしまうが，中止をすれば-100で済む。よってこの場合，中止の根拠の1つになる。ミニマックス戦略では下記の表のように後悔の度合いを示すと，後悔が小さいのはリゾート開発中止を行った場合なので，これでも上司を説得する根拠の1つになる。

企業の行動＼景気	好景気継続	バブル経済の崩壊
リゾート開発	0	500
リゾート開発中止	400	0

　また期待利得を考えた場合は，リゾート開発を進めた場合が$0.9 \times 300 + 0.1 \times (-600) = 210$，リゾート開発中止の場合は-100である。よってこの方法はよくなく，むしろ上司を勢いづかせてしまう。ここは思い切ってラプラス基準を採用し，この先はどうなるかわからないから景気変動の確率は5分5分だといい，開発の場合の期待値を$0.5 \times 300 + 0.5 \times (-600) = -150$，中止の場合の-100より損失が大きいと述べる方法もある。ただし，バブル経済の最中は誰しもがこの好景気が続くと思い込んでいるものである。

第13章　市場の失敗——公共財と外部性，情報の非対称性

経済学においては，環境が破壊されることではなく，環境破壊の対価を支払わないことが問題となる。

13-1　外　部　性

(1) 外部性とは

ここまでの話では，生産者と消費者の存在を想定し，その間で財の受け渡しの方向と反対方向に対価の支払いがあるという話をしてきました。つまり市場を通して取引が行われることを前提としてきたわけです。しかし現実にはすべての売買が市場を通すわけではありません。ある経済主体が市場を通さずに取

●本章のポイント

　市場メカニズムが働いた結果として市場が最適なものとはならないこと，つまり効率的な資源配分が行われない場合を「市場の失敗 (market failure)」といいます。この言葉はベイター (Bator Francis M., 1925-2010) が1958年に *The Anatomy of Market Failure* にてはじめて用いました。ではどのような要因が市場の失敗を引き起こすのでしょうか。原因としては1. 自然独占（規模・範囲の経済），2. 外部性（外部効果），3. 公共財，4. 情報の非対称性（不完全情報）が挙げられます。

　自然独占については，すでに第9章で扱いましたので，この章では，外部性，公共財，情報の非対称性について説明を行います。

　説明では最後の章になります。いままで学んだ知識を思い出しながら，読み進めていってください。

引を行った結果，他の経済主体に影響を与えることを外部性といいます。

　第9章で消費者余剰と生産者余剰を足したものを社会的余剰といいました。そして社会的余剰は市場が独占状態になってしまえば，完全自由競争による均衡とは異なる量が供給され，社会的余剰が最大化されないことを確認しています。ここでお話しする外部性についても，外部性の存在により完全自由競争の結果とは異なる供給がなされるため，(2)にて社会的余剰が最大化されないことを確認していきます。

　なお外部性は，まわりの人々に好ましい影響を与える「正の外部性（外部経済）」と，まわりの人々が迷惑を被る「負の外部性（外部不経済）」の2つに分かれます。正の外部性では新薬の開発や新しい科学技術の調査などが，負の外部性では環境汚染やタバコの煙害などが例として挙げられます。

(2)　**環境汚染の問題に見る外部性**

　では具体的な例を出して見ていきます。市場では財やサービスを購入するときはその対価を支払います。では，ある工場が製品を生産するときはどうでしょうか。その工場は製品を生産するために，組み立てる人を雇い，設備を導入し，また原材料を仕入れます。これらはすべて対価の支払いを伴っていますから，外部性が発生しているとはいいません。しかしこの製品の生産に関して，排水（水質汚染）や排気（大気汚染）が伴っている場合，まわりに住む人々は悪影響を受けますが，工場はそのことに対し対価を支払っていなければ，ここに負の外部性が発生しています。

　これを需要曲線と供給曲線の関係で見たのが**図13-1**です。ここで供給曲線を2つ示していますが，その理由はこの工場が認識している供給曲線1（**私的限界費用**といいます）と，環境汚染（外部性の発生）も費用として考えた場合の供給曲線2（**社会的限界費用**といいます）との違いです。

　この2つの供給曲線が存在することで注意すべき点は，工場としては私的限界費用を考えていますから，市場での取引量は Q_1 となることです。しかし環境汚染に対する費用も存在するわけですから，社会的限界費用を考えて取引量は E 点での均衡となる Q_2 が本来の数値といえます。このとき本来の取引量に

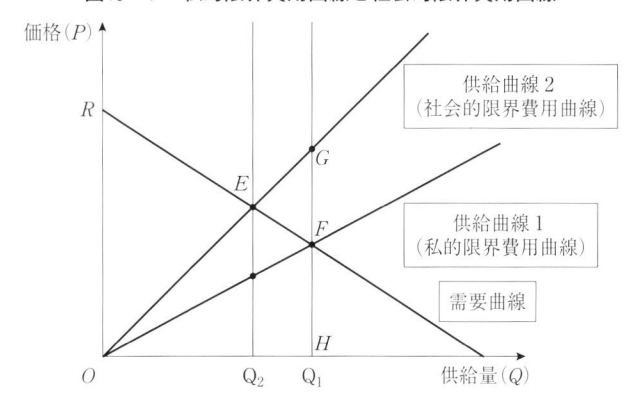

図13−1　私的限界費用曲線と社会的限界費用曲線

対し，$Q_1 - Q_2$ の量が過大だといえます。

　ではここで何が問題になるのでしょうか。本来の均衡点は E であるため，社会的余剰は第9章で学んだ通り消費者余剰と生産者余剰の合計となり△ORE です。しかしいまこの均衡点での生産量 Q_2 ではなく Q_1 分が生産されてしまっているため，仮の社会的余剰は△ORF が考えられますが，供給者の本来の費用は，△OFH に環境汚染への対価である△OGF も含めた△OGH のはずです。ですから仮の社会的余剰△ORF から△OGF を引かねばなりませんが，そのうち△OEF は消費者余剰と相殺できるため，△EGF が追加の費用による社会的余剰の減少分です。つまり環境汚染の対価を考慮しない過大な生産により，社会的余剰が減少したことが確認できました。

　この社会的余剰の減少をわかりやすくまとめると，本来は環境汚染に対する費用を支払わなければならないにもかかわらず，その費用を考えないことから生産の費用が本来の数値より少なくなります。その結果，需要と供給の均衡が過大生産のほうにずれ，環境汚染を過剰に行ってしまうということです。

(3)　外部性の内部化

　環境汚染のような外部性の問題を解決する方法として，税金や補助金で調整するという方法があります。環境の所有者がいないため，その対価を認識でき

図13-2　ピグー税の課税

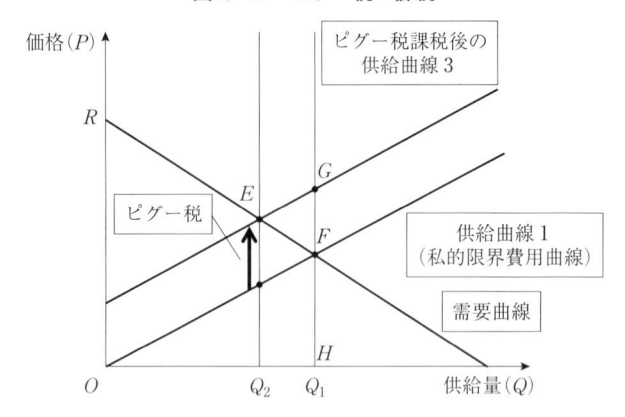

グラフ：縦軸 価格(P)、横軸 供給量(Q)。点R から右下がりの需要曲線、原点から右上がりの供給曲線1（私的限界費用曲線）、その上方に平行移動した「ピグー税課税後の供給曲線3」。需要曲線と供給曲線1の交点がF（Q₁）、需要曲線と供給曲線3の交点がE（Q₂）。E点の上にG、F点の下にH。EとFの間の縦矢印が「ピグー税」。

ていないことが問題であることから，環境の所有者を政府と考え，環境汚染分を税金で納めることで費用化するというものです。この税金を提案者であるイギリスの経済学者アーサー・セシル・ピグー（Arthur Cecil Pigou, 1877-1959）の名前から**ピグー税**（Pigovian tax）といいます。

　外部性の限界費用を考えないため，**図13-1**では均衡点がFとなっていたため，それを本来のE点にするために，**図13-2**のように税金を上乗せし，供給曲線3のように変化させるということになります。このことを**外部性の内部化**といいます。

　ピグー税を課す場合は負の外部性を生む場合ですが，その逆に正の外部性を生むものに対しては補助金という形で調整をします。環境汚染の場合とは逆に正の外部性を生む例では過少に生産されることが考えられます。よって補助金を支給することにより，**図13-2**の矢印とは逆の方向に調整し，供給を増やすということになります。

　また負の外部性に対しても補助金は有効です。**図13-1**でFのQ_1の供給量をEのQ_2にするためには，生産量の削減に応じて補助金を支払えば，生産者は生産量の削減に応じるからです。

13-2 公共財

(1) 公共財とは

警察や消防，社会的インフラなどのように，すべての人が利用（消費）できる財のことを**公共財**（public goods）といいます。公共財の要件として，**消費の非競合性**と**消費の非排除性**が挙げられます。

非競合性とは，ある人がその財を利用（消費）したからといって，他の人が利用できなくはならないということです。つまり同じ財を複数の人が同時に消費できることをいいます。非排除性とは，対価を支払わなかった人にも提供を行う（排除することができない）ということです。

(2) 公共財の供給における市場の失敗

公共財は非排除性が存在するため，消費者が費用を負担しなくてもその利用が可能です。そのため多くの人が**ただ乗り**（free rider）しようとします。しかし多くの人がお金を支払わなければ，その財は供給されません。

例えばある財 A の供給による便益が，各人にとって20万円から40万円ほどあるとして，その合計が300万円だったとします。その財の実際の価格が200万円であるとすれば，この財の供給により100万円の超過便益（社会的純便益）があるにもかかわらず，各人がただ乗りをしようとすることから供給されないことになります。

このような市場の失敗を起こさないための1つの方法として，政府が公共財を購入するという是正が挙げられます。またもし財 A に対し，1人の便益が220万円であって，残りの人の合計の便益が80万円であったとしても，この財は購入されます。この場合は残りの人がただ乗りをするということになります。

(3) コモンズの悲劇

コモンズの悲劇（tragedy of the commons）とは，アメリカの生物学者のギャレット・ハーディン（Garrett Hardin, 1915-2003）が1968年に資源管理に関して述べたものです。誰でもアクセスが可能な資源がある場所（共有地

図13-3　公共財と私的財

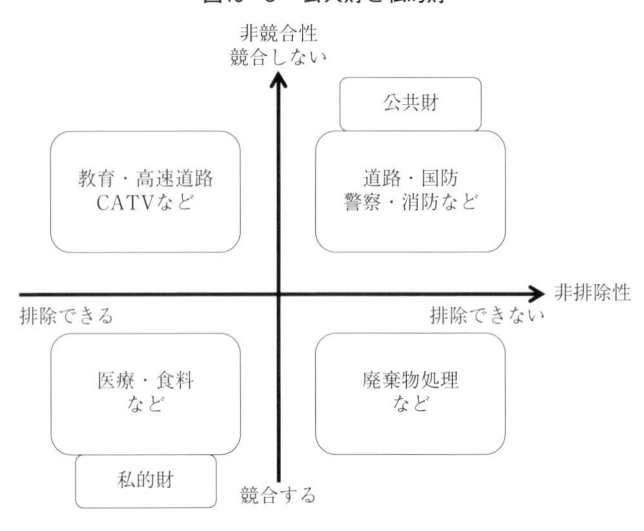

```
                    非競合性
                    競合しない
                       ↑
         ┌─────────────┐   ┌─────────┐
         │             │   │  公共財  │
         │             │   └─────────┘
         │ 教育・高速道路│   ┌─────────────┐
         │  CATVなど    │   │ 道路・国防   │
         │             │   │ 警察・消防など│
         └─────────────┘   └─────────────┘
                       │                        非排除性
    ───────────────────┼──────────────────────→
    排除できる          │        排除できない
         ┌─────────────┐   ┌─────────────┐
         │  医療・食料  │   │  廃棄物処理  │
         │    など     │   │    など     │
         └─────────────┘   └─────────────┘
         ┌─────┐
         │私的財│     競合する
         └─────┘     ↓
```

（commons））では，多くの人がその場所に資源を採りに来ることにより乱獲状態となり，結果として資源採取の生産性が落ち，多くの人が被害を受けます。具体的な例としては，よく放牧地や漁場，タクシーの数などが挙げられます。コモンズの悲劇で重要なことは，所有権が不明確なこと（誰でもアクセスできること）であり，その結果，その保護や維持のインセンティブが働かない点といえます。

13-3　情報の非対称性

(1) 情報の非対称性とは

　ミクロ経済学では，生産者と消費者が十分な情報を持っているという前提で市場を考察してきました。しかし現実には，市場の参加者の中で情報を持つ程度には差があります。このような差も完全競争市場の前提を崩すものとなり，市場の失敗を引き起こします。

　例えば中古車の売買では，売り手はその自動車の調子が良いのか悪いのかを

よく知っていますが，買い手はこれから乗ろうとするわけですから情報を持っていません。このような場合，その車の平均的な金額で売買をするには困難が伴います。調子の良い車であれば売り手は平均よりも高い値で売りたがるでしょう。このような取引を行う人の間に商品やサービスについて情報の差が存在する構造のことを**情報の非対称性**（asymmetric information）といいます。

(2) 逆選択の問題

　アメリカの経済学者であるジョージ・アーサー・アカロフ（George Arthur Akerlof, 1940-）は(1)で述べた中古車市場に情報の非対称性が存在するとき，市場では効率的な資源配分に失敗し，その市場自体が存在しなくなる可能性を示し，2001年にノーベル経済学賞を受賞しました。

　中古車市場では前述の通り，売り手は自分の車の状態を知っており，買い手は中古車市場には質の良い車と悪い車が混在していることしかわかりません。すると買い手は質の良い車と質の悪い車の価格の真ん中あたりの金額で車を買おうとします（買い手としては，質の良い車の価格を出して，質の悪い車を買ってしまっては困ります）。その一方で売り手は，自分の車の質が悪ければこの平均的な価格で売りますが，自分の車の質が良い場合はこの平均的な価格で売ることを嫌がります。その結果，質の悪い車しか市場には出回りません。

　質の悪い中古車をレモンとたとえることから（アメリカでは購入後に質が悪いことが判明する財や人物をこのようにいいます），レモン市場の問題ともいわれます。

　このように取引を行う人の間で情報の非対称性が存在する場合，結果的に，品質の良くない商品やサービスが市場に残り，品質の良いものを排除してしまう現象を**逆選択**（adverse selection）といいます。

　似たような例は数多く存在します。例えば医療の保険制度などでは，保険会社は加入希望者が保険を適用する割合が高い人かどうかわかりませんが，保険の加入希望者は保険会社よりは自分の状態をよく理解しています。従業員の採用も，企業は採用候補者の能力を見極めるのは難しく，そのため給与設定にも苦労しますが，採用される従業員は自身の能力をよく理解しており，給与が能

力に見合ったものなのかはおよそ見当がつくかもしれません。

(3) 情報の非対称性の問題を回避する方法

　情報の非対称性の問題を回避する方法として，様々な制度の工夫がなされています。1つは情報を提供する機関の存在です。素人にはわかりづらい専門的な内容を，専門家が審査しわかりやすく情報を提供することで不確実さを払しょくすることができます。

　また似たようなものとして保証制度があります。故障しやすい製品には売り手は保証をつけにくいといえます。保証制度をつけることで，買い手に安心感を与えることができます。また企業は売れると見込んだ商品には莫大な広告費をかけて宣伝することがあります。このような行動を見て買い手は企業側の自信を知ることができます。このことを**シグナリング**といいます。従業員の採用の問題では，資格や学歴もシグナルになります。

　自動車保険では事故率が高いと考えられるスポーツカーの保険料を高くすることも考えられます。また**自己選択**といって，年間走行距離に応じた割引を行うことも考えられます。このことで自動車にあまり乗らない人も自動車保険に対する割高感を感じなくなるかもしれません。

　医療保険制度においては国民が全員加入する健康保険のようにすることなども1つの方法です。このように情報の非対称性を克服する工夫は身近な例で数多く存在します。

(4) 情報の非対称性とモラル・ハザード

　情報の非対称性が引き起こすもう1つの問題として，モラル・ハザード（moral hazard）も指摘できます。(2)の医療保険の例では，保険に入ることにより医者にかかる必要のない病気でも病院に行く人が出てくるかもしれません。自動車保険も同様です。保険に加入することで安心感が生まれ，従来に比べ運転が荒くなる可能性を否定できません。

　このようなモラル・ハザードへの対策としては，保険を適用する際の自己負担金の設定が挙げられます。

13-4 課　題

　説明の章としては最後になるこの章では，ミクロ経済学で前提としてきた完全競争市場がうまく機能しない場合を取り上げました。経済学を学ぶと，実際の身のまわりの経済事象とは異なると感じる（ズレを感じる）ことが多いものですが，モデルとしての完全競争市場を一通り学んだ上で，個々の事象を改めて考え，その原因を追究することで，現実の経済事象に近づくことが可能であることに気づいたと思います。

　特に経済学と経営学は別のものとして学ぶものではなく，個々の経営事象もミクロ経済学を基本として考えることで，経営事象もより明快になります。何よりも経済学は人間の活動の学問です。教養の1つとして，この本で学んだミクロ経済学の基礎を，日々の社会生活に活かしていただければと思います。

【課　題】
1. 次のうち公共財といえるものを選びなさい。
   ①　郵便制度　　②　水道　　③　公園　　④　医療　　⑤　高速道路
2. 「企業が従業員を採用する際に，能力があるか否かを判断するために学歴をシグナルとして用いる可能性がある」。しかし「学歴を持たない人物でも世界を代表する企業を作り上げる例も数多く存在する」。この2文の一見，矛盾するような内容について，実際には矛盾していないことを説明せよ。

【解　答】
1. ③
2. 会社に採用されるか，自身が会社を設立するかという前提が根本的に違う。後者では情報の非対称性に関する議論は存在しない。

【解　説】
1. 非競合性と非排除性を持つ，すべての人が利用（消費）できる財のことを公共財といった。この問題ではお金を徴収するかどうかで公共財か否かを判

断することも可能である。
2. 情報の非対称性というのは異なる2者以上において発生する。また**シグナリング**もそれゆえ効果を発揮する。自身が会社を設立する場合，会社の採用試験というものが存在しないため，少なくとも採用におけるシグナリングを目的とした学歴の獲得は不要といえる（ただし事業活動において，経営者の学歴の有無と事業の成功との関係については別の話になる）。

参考文献および推薦図書

このテキストを作成するにあたり参考にした文献の一覧です。またみなさんがこの本の内容に加えて，ミクロな経済をより深く理解していくのに適したテキストですので，簡単な紹介を入れて記載いたします。

本書を読んだあとの学習は，興味によって分かれると思います。本書からミクロ経済を学問として深めたい方は「本書→2→4」，また広く経済事象に興味を持たれた方は「本書→3」，本書の内容の理解が難しい場合には「1→本書」または「本書→1」という学習順をおすすめします。

1　経済学の初学者，非専攻者におすすめの文献

家森信善・小川光『基礎からわかるミクロ経済学』中央経済社，2010年
　白書やその他の実データを用いながら，ミクロ経済学の基礎をわかりやすく解説したテキストです。グラフも簡略化されており，視覚的な理解も容易です。

井堀利宏『入門ミクロ経済学』新世社，2005年
　理論にとどまらず，現実との関連にも配慮しており，読みやすくなっています。数式も最小限にとどめることが意識されているので，初学者におすすめのテキストです。内容も広い範囲に触れているため，幅広い層を対象にしています。

内田学『MBA エッセンシャルズ』東洋経済新報社，2006年
　経済学，経営学の大項目のエッセンスのみをまとめたテキストです。まずは経済，経営の全体像を理解したい人は，さっと目を通すことをおすすめします。MBA というタイトルがついていますが，決して難しいものではなく，経営学に必須の知識が網羅されています。

小林弘明・齋藤雅己・佐野晋一・武田巧・山田久『入門ミクロ経済学』実教出版，2008年
　グラフによる説明が多く用いられており，項目ごとに要点を絞って説明されている基本テキストです。

2 ミクロ経済学に興味を持った方におすすめの文献

井上正・川島康男・胥鵬・中山幹夫『ミクロ経済学』東洋経済新報社，1998年
　初学者向けを意識して作られたテキストのようですが，中級者にも十分に学びがいのあるテキストです。アルファベットの略語や数式が少し目立ちます。

岩田規久男『ゼミナール　ミクロ経済学入門』日本経済新聞社，2002年
　ミクロ経済学全範囲をほぼ網羅しているボリュームのあるテキストです。本書の教養内容を読み終えた方が，ミクロ経済をより学問としてしっかりと学びたいというときにおすすめです。

武隈愼一『演習ミクロ経済学』新世社，2005年
　例題と練習問題に分かれており，ミクロ経済学の理解度を確認するのに適しています。

3 経済学を広く応用した文献

ジュゼッペ・ベルトーラ，リチャード・ディズニー，チャールズ・グラント／江夏健一・坂野友昭監訳『消費者信用の経済学』東洋経済新報社，2008年
　経済学を金融に応用し，深く洞察を加えたテキストです。難易度は高めです。経済学専攻者におすすめです。

スティーヴン・D. レヴィット，スティーヴン・J. ダブナー／望月衛訳『ヤバい経済学』東洋経済新報社，2006年
　現代の社会に関する様々な諸現象を経済学者の視点から分析している読み物です。一般向けに出版されていますので，初学者でも十分に理解のできる内容です。この続編となる『超ヤバい経済学』も2010年に出版されています。

長岡貞男・平尾由紀子『産業組織の経済学』日本評論社，2002年
　経済学と経営学，産業組織との関係をむすびつけることを意識して書かれているテキストです。

川田順造『文化としての経済』山川出版社，2001年
　文化を広義にとらえ，グローバルな視点で経済学を扱った読みものです。この本を題材に議論を行うのもよいでしょう。

4　経済学をより深く学ぶための文献

ウィクセル／橋本比登志訳『経済学講義Ⅰ　一般理論』日本経済評論社，1984年
　基本に忠実にそって，経済学について書かれたテキストです。内容は細部にわたり網羅されているので，経済学専攻者におすすめです。

小島寛之『MBA ミクロ経済学』日経 BP 社，2004年
　ミクロ経済学と経営学との関係に焦点を当て，かなり深い分析が加えられている上級者向けのテキストです。

ジョン・マクミラン／伊藤秀史・林田修訳『経営戦略のゲーム理論』有斐閣，1997年
　ゲーム理論を「戦略的意思決定」「交渉」「契約」「入札」に応用した教科書です。具体的なビジネスの状況に触れながら，上記4項目を体系的にまとめています。

■著者略歴
竹 本 拓 治（たけもと　たくじ）

1973年　京都市生まれ
　　　　京都大学ベンチャー・ビジネス・ラボラトリー機関研究員，京都大学経営研究センター特命講師等を経て
現　在　福井大学地域創生推進本部教授（地域創生推進本部附属創生人材センター長，大学院工学研究科産業創成工学専攻，経営・技術革新工学研究室）。博士（政策科学，同志社大学），名誉博士（タイ国立チャンカセーム・ラチャパット大学）。

主要業績

『キャリア・アントレプレナーシップ論』（編著：萌書房）
『アントレプレナーシップ教科書』（編著：中央経済社）ほか。

教養のミクロ経済
2011年4月30日　初版第1刷発行
2023年3月31日　初版第3刷発行

著　者　竹 本 拓 治
発行者　白 石 徳 浩
発行所　有限会社 萌書房（きざす）
　　　　〒630-1242　奈良市大柳生町3619-1
　　　　TEL (0742) 93-2234 / FAX 93-2235
　　　　[URL] http://www.3.kcn.ne.jp/~kizasu-s
　　　　振替　00940-7-53629

印刷・製本　共同印刷工業㈱・新生製本㈱

Ⓒ Takuji TAKEMOTO, 2011　　　　Printed in Japan

ISBN978-4-86065-059-9